Frank Hertel

Knochenarbeit

Ein Frontbericht
aus der Wohlstandsgesellschaft

Carl Hanser Verlag

1 2 3 4 5   14 13 12 11 10

ISBN 978-3-446-23579-3
Alle Rechte vorbehalten
© Carl Hanser Verlag München 2010
Satz: Fotosatz Amann, Aichstetten
Druck und Bindung: CPI – Ebner & Spiegel, Ulm
Printed in Germany

Inhalt

Tag 87

Ein bisschen bin ich schon enttäuscht, weil es doch kein Weihnachtsgeld gab, obwohl ich in fast neun Monaten nur einmal krank war und ziemlich gut geschuftet habe. Aber 1200 Euro netto, weil ich jetzt Lohnsteuerklasse 3 habe, sind für mich trotz allem ein Grund zur Freude. Und gestern war auch kein harter Tag in der Backfabrik. Wir haben nur geputzt, weil heute Aldi kommt, schon wieder, da muss es blitzblank sein, sonst kann unsere Schicht zu Hause bleiben. Ich war gestern von 2 bis halb 8 in der Spirale und habe das Eis weggespritzt. Mir gefällt es immer ganz gut da drinnen, weil ich meine Ruhe habe vor den vielen verschiedenen Leuten, die in der Firma arbeiten. Zwar waren meine Füße schon bald etwas feucht, und abends sah mein rechter großer Zeh aus, als wolle er sich auflösen, ganz weiß und schrumpelig, aber heute geht es wieder. Ich habe mir angewöhnt, meine Körperteile als Instrumente zu sehen, die funktionieren müssen. Und ich drehe nicht mehr so schnell durch.

Gestern saß ich mit Igor im Pausenraum. Er erzählte mir, dass eine Tür in der Kopfmaschine kaputt war und dass der Chef schon oft von seinen Mitarbeitern verlangt hat, dass sie kaputte Sachen selber bezahlen sollen. Das wird dann vom Lohn abgezogen. Einmal musste Igor 18 Mark zahlen, weil von einem Schiebewagen eine Schraube abgegangen ist. Ein Mechaniker war ein paar Minuten damit beschäftigt, die Schraube wieder ranzudrehen. Bei der nächsten Abrechnung fehlten Igor 18 Mark, und der Personalchef hat ihm erklärt, dass es an der Schraube lag. Beim nächsten Mal schob Igor den Schiebewagen viel langsamer als sonst. Der Chef tobte und brüllte ihn an, warum das nicht schneller geht. Igor meinte nur zu ihm, dass er jetzt besser aufpasst. Du hast mir 18 Mark genommen, jetzt mache ich schön langsam. Da war der Chef ruhig. Irgendwann mal hätte Igor 1800 Euro für eine kaputte Maschinentür zahlen sollen, aber er hat es nicht getan. Einfach nicht bezahlt. Er hat eh kein Geld, geschweige denn Zähne. Aber ein anderer Teigmischer hat sieben Teigfüllungen ohne Salz gemacht, und die musste er dann zahlen. Doch ich weiß nicht, ob das wirklich stimmt. In der Firma wird viel Blödsinn geredet, und außerdem sind einige, die da arbeiten und reden, wirklich schon so kaputt, dass sie nicht mehr richtig glaubwürdig sind.

Meistens ist es hart und hektisch. Es wird oft gebrüllt, manchmal fließen Tränen und Blut, selten gibt es Schläge, aber insgesamt kann ich nicht sagen, dass es ein unerträglicher Wahnsinnsschuppen ist. Weil man auch immer wieder zu sich kommt, weil man oft zusammen lacht, weil es interessant ist mit so vielen Ausländern. Weil es auch ruhigere Zeiten gibt und weil wir stolz darauf sind, das alles zu schaffen und dem Staat nicht arbeitslos auf der Tasche zu liegen. Jeder, der nicht drin war, meint immer, so eine Fabrik wäre die nackte und absolute Hölle, aber das stimmt nicht. Es gibt bestimmt viel schlimmere Orte, nur hört es sich besser an, wenn man übertreibt und die Verhältnisse drastisch schildert. Das geht einfach. Wenn man nur die schlimmen Dinge erzählt und die schönen verschweigt, meint jeder, man wäre ein gewaltiger Held, wenn man das durchsteht. Jeder will ja irgendwie ein toller Hecht sein. Wenn ich sage, manchmal ist es auch angenehm da drin, halten mich die Leute für einen überzeugten Arbeiter, und Arbeiter zählen bei uns nicht viel. Bei den Frauen zumindest ist das Gespräch schnell zu Ende, wenn man sich als Arbeiter zu erkennen gibt. Was wollen die mit einem Mann, der jeden Sonntag an der Maschine steht, der sechs Tage pro Woche 10 Stunden weg ist und abends stinkt? Was wollen die mit einem Typen, der auf der Arbeit immer nur gehorchen muss, zu Hause zu müde zum Sprechen ist und unkonzentriert und seelisch kaputt? Und vor allem, was wollen potenzielle Ehefrauen und Mütter mit 1200 Euro in der besten Lohnsteuerklasse? Das ist ein Witz. Deswegen bin ich heilfroh, dass ich in Wirklichkeit kein Arbeiter bin und nur noch 14 Wochen und drei Tage in dieser elenden Fabrik sein muss. Gott sei Dank. Die armen Teufel, die da bis zur Rente bleiben müssen, tun mir sehr leid, weil es kein wirklich erfülltes und schönes Leben ist, was die da haben, sondern bloß ein viel zu langer Kreislauf aus starker Anstrengung und erschöpftem Schlaf.

Tag 86

Es ist nicht mehr lang. Was sind schon 86 Arbeitstage im Vergleich zu den 2100 Arbeitstagen, die etwa Sergej noch drin bleiben muss, bevor er seine karge Rente mit 65 beziehen darf. Sergej ist, wie so viele da drin, Russe. Er ist ganz ausgemergelt, eher schmächtig und mittelgroß. Er hat strahlend blaue, schöne Augen und einen starken Raucherhusten von den viel zu vielen minderwertigen Zigaretten, die er jeden Tag raucht. Sergej ist Teigmischer. Er ist jetzt 58 Jahre alt und sieht aus, als hätte er schon als Baby mit dem Arbeiten begonnen. Am Beginn der Schicht, um 10 vor 2 im Pausenraum, zittert Sergej oft. Ich glaube, er trinkt zu Hause viel Wodka. Er sitzt gerne alleine und hat seine Ruhe. Er starrt oft vor sich hin. Man müsste ihn fotografieren. Sein Anblick erinnert an die Arbeiten von August Sander. Sergej ist ein wirklicher Arbeiter, ein Mensch, der bestimmt sein Leben lang immer geschuftet hat und doch niemals irgendwie reich oder wirklich glücklich war. Ich weiß, dass dies eine Aussage ist, die jeder wissenschaftlichen Validität entbehrt, weil man Glück und Zufriedenheit nicht messen kann. Wenn ich sage, der Mann kennt kein Glück, so ist das vielleicht unzulässig, arrogant und vermessen. Und dennoch: In den Augen Sergejs spiegelt sich das ganze Unglück unserer Zeit. Man möchte ihm helfen, doch wäre er zu stolz dazu, und wie soll man ihm auch helfen? Wenn er mich um etwas bittet, so tue ich es sofort. Er will seine Ruhe, also spreche ich ihn kaum an. Ich schiebe ihm einen Kaffeebecher hin, wenn kein Aschenbecher da ist. Ich habe sehr großen Respekt vor der Leistung dieses Mannes, der auch dann Teigballen heben muss, wenn ihm der Rücken wehtut. Wenn er gefragt wird: »Und Sergej, wie geht's?«, sagt er nur: »Muss, muss«, und zieht die Arme hoch. Muss, das ist unser Wort. Er muss noch 2100 Tage in dieser Firma arbeiten. Ich glaube nicht, dass er sie überlebt.

Jetzt möchte ich rauchen. Von meiner Marke kosten 17 Zigaretten 3 Euro 90. Die Leute in meiner Schicht können sich so teuren Tabak nicht leisten. Ich kenne nur sechs Arbeiter bei uns, die normale Zigaretten rauchen. Alle anderen stopfen oder drehen selber, oder sie rauchen russische, chinesische, tschechische, kasachische, kroatische Zigaretten. Ich habe mich bald dafür geschämt, so teuer zu rauchen, und es auch mit Tabak versucht. Aber mein Husten war nach vier Tagen so schlimm, dass ich es wieder sein ließ. Natürlich ist Rauchen überhaupt ungesund, und man sollte es lassen, aber diese Billigzigaretten sind noch um einiges schädlicher als die teuren. Wir haben Leute in der Firma, die vom Billigtabak kranker werden als von der Arbeit selbst. Bei uns im Pausenraum ist die Luft blau und nebelig. Ich kann mir nicht vorstellen, wie die EU in unserer Firma ein komplettes Rauchverbot durchsetzen möchte. In den schönen Büros, wo es Blumentöpfe, Gießkannen und Porzellantassen gibt, ist es bestimmt kein Problem. Aber bei uns in der Produktion, wo es oft unbeschreiblich hektisch ist, wäre ein Rauchverbot unangebracht. In Gefängnissen darf man rauchen, weil es sonst mehr Gewalt gibt. In dieser Hinsicht gleicht unsere Firma einem Gefängnis. Wir müssen rauchen, damit wir uns nicht gegenseitig umbringen.

Der dicke Thomas, der früher in unserer Spätschicht war und jetzt in der Nachtschicht arbeitet, hat mir gesagt, wenn er mal Geld hat, geht er zum Friseur und lässt sich blonde Strähnen färben. In der Nachtschicht verdient er 200 Euro mehr. Nach zwei Wochen war er tatsächlich beim Friseur und ließ sich blonde Strähnen machen. Aber ist das ein Happy End? Der Junge ist 22 Jahre alt und sehr dick. Er schläft 12 Stunden am Tag, hat er mir gesagt. Ich fragte, warum. Er sagte, schau, ich habe keine Freundin, ich habe keine Kinder, ich gehe nicht fort, ich muss nicht einkaufen, mein Essen kocht meine Mutter, da kann ich schon 12 Stunden schlafen. Er hat eine halbe Stunde Anfahrt mit dem Auto und ist immer als Erster schon eine Stunde vor Schichtbeginn im Pausenraum. Er ist also 10 Stunden von zu Hause weg. Er schläft 12 Stunden. Das sind 22 Stunden. Es bleiben zwei Stunden zum Essen, Zähneputzen, Anziehen, Ausziehen, Mit-der-Mama-Sprechen. In Toms Fall kann man wirklich von einem viel zu langen Kreislauf aus großer Anstrengung und erschöpftem Schlaf sprechen. Was haben wir mit 22 gemacht? Wir haben studiert, wir haben gefeiert, wir haben unsere jugendliche Kraft genossen, wir waren glücklich und wussten noch nicht viel vom Ernst des Lebens. Thomas ist seit drei Jahren in der Firma. Seine Bäckerlehre hat er nicht geschafft. Er hat eine Brille und einen leichten Sprachfehler. Er hat keine Zeit und keine Kraft, sich selbst zu verwirklichen. Früher hat er immer die Bildzeitung in den Pausenraum mitgebracht.

Tag 85

Heute ist Sonntag, der dritte Advent. Während andere im Kerzenschein beim Glühwein sitzen, muss ich schuften. Wenn wir ein eingespieltes Team sind, kann die Arbeit Spaß machen. Schwierig ist es, wenn neue Leute kommen, die sich dumm anstellen oder arbeitsunfähig sind. Dann wird gebrüllt, Hannelore schmeißt Kisten, Boris sagt »Katastrophe«, ich renne rum wie ein Angestochener, und der Schichtleiter schmeißt Paletten auf den Boden, dass es knallt. Und die Neuen reißen sich dann entweder am Riemen und lernen in Hochgeschwindigkeit unsere Arbeit, oder sie verschwinden wieder. Die meisten bleiben. Aber trotzdem geht es bei uns zu wie im Taubenschlag. Dauernd kommen neue Leute und alte gehen. Ich bin seit neun Monaten in der Schicht und gehöre schon zu den Alten. Das sagte ich meinem Schichtleiter. Der schüttelte den Kopf und sagte, Wahnsinn. Er ist der dritte Schichtleiter in neun Monaten.

Tag 84

Ich fürchte, niemanden interessiert, wie es bei uns auf der Arbeit zugeht. Es ist eine Fabrik von vielen. Wir sind absolut nichts Besonderes. Wir sind zwar einzigartig, weil jeder Mensch einzigartig ist, aber unsere Arbeit ist eine einfache Arbeit, und wir sind einfache Arbeiter, und wir machen einfache Dinge – Dinge, die jeder normal begabte Mensch in drei Minuten lernen kann. Man erklärt nicht viel. Du stehst einfach an irgendeinem Platz und musst es schaffen. Und wenn du dich anstrengst, schaffst du es auch. Bei uns ist die Tätigkeit selber eigentlich sehr uninteressant. Man könnte mich acht Stunden lang filmen, wie ich immer und immer wieder dasselbe tue. Doch das wäre ein langweiliger Flop. In Filmen spielen selten normale Arbeiter wie wir mit. Die Tätigkeit gibt scheinbar nichts her. Kriminalisten oder Gerichtspathologen, Lehrer, Schriftsteller, Taxifahrer oder Soldaten sind interessanter. Wissenschaftler, Politiker, Forschungsreisende, Astronauten, Ärzte, Richter, Werbetexter, Matrosen, Friedhofsgärtner, Stewards, Piloten, Schreiner, Köche ..., die wollen die Leute sehen. Fabrikarbeiter nicht. Warum eigentlich? Warum interessiert sich keiner für die normalen Menschen? Warum muss es immer der perverse Nachbar, der zerstreute Professor, der verrückte Künstler, der Kriminelle, der gewalttätige Mensch sein, den wir uns anschauen? Wir Fabrikarbeiter sind doch auch coole Typen und außerdem das Fundament. Ohne uns gibt es keine Atomphysik, keine EU-Ministerien und kein Amt für Verfassungsschutz, keinen Arbeitgeberverband, keine Pharmaindustrie und keinen Lehrstuhl für Moralphilosophie. Auf unseren Schultern ruht die Welt. Wir halten das Rad am Laufen. Warum will uns keiner kennenlernen? Warum wollen alle nur den schönen Steward sehen und nicht den Weißrussen im Maschinenraum?

Nikolai ist Weißrusse. Er spricht Russisch und Deutsch gleich gut. Er kann auch Dialekt und Ausländerdeutsch. Er wechselt die Sprache je nach Gesprächspartner und Laune. Reden kann er. Er sieht auch gut aus. Der Chinese von der Waschanlage ist verliebt in ihn und fordert ihn manchmal zu Sauereien auf. Auch unser Meister mag Nikolai. Er stellt ihm nach. Nikolai möchte mal Schauspieler in Hollywood werden, ein zweiter Brad Pitt. Er hat schon in einer Laiengruppe gespielt. Dazu hat er seit drei Jahren aber keine Zeit mehr, weil er jetzt in der Firma arbeitet. Nikolai liebt die schöne Kairi. Sie ist 30, er ist 22. Sie ist gesund, er ist krank. Das kann nichts werden. Nicht mal die Glatze, die er sich vor ein paar Wochen rasieren hat lassen, konnte sie überzeugen. Ich glaube, er ist irgendwie autistisch. Er kann in Ruhe eine Maschine zum Laufen bringen, aber zum Beispiel Ordnung halten oder schnell sein kann er nicht. Einige Leute in der Firma hassen ihn, weil es eine Katastrophe ist, mit ihm zu arbeiten, und weil er schwächere Leute böse angreift. Seine Eltern mögen ihn nicht, sonst hätten sie sich nicht vor kurzem scheiden lassen. Ich mag ihn auch nicht. Für mich ist er eine interessante Figur, über die man schreiben kann. Nikolai ist allein. Er schlägt sich durch. Aufs Volksfest geht er nicht, weil da ein paar Typen ihm ans Leder wollen. Gestern musste ich mit ihm arbeiten. Ich fragte mich wieder, ob diese Arbeit eine Arbeit ist oder eine Hölle. Nikolai sagte in der Pause, dass man das nicht Arbeit nennen kann. Aber einen anderen Job will er sich wegen der Finanzkrise jetzt nicht suchen. Nikolai trinkt kaum Alkohol und spielt viel Computer. Auf seinem Handy zeigt er ab und zu schlimme Pornofilme. Der Chinese meint, er sieht aus wie ein Wolf. Ich bin froh, wenn ich ihn nicht mehr sehen muss. Ich könnte mit ihm eine Fahrgemeinschaft bilden, habe dazu aber keine Lust. Lieber zahle ich das Benzin und fahre selber.

Tag 83

Nikolai mag so ein ganz netter Typ sein, aber wir müssen mit ihm arbeiten, und da ist es ganz egal, wie einer draußen ist, beim Bier, in der Freizeit, im Schwimmbad. Aber ich glaube, dass sich auf der Arbeit zeigt, wie einer wirklich ist, und dass einer, der bei der Arbeit gut ist, auch draußen gut ist.

Gestern war ein friedlicher Tag in der Firma. Ich musste eine Neue an unserem Roboter anlernen, obwohl ich selber kaum Ahnung habe. Die Maschine ist trotzdem den ganzen Tag fast ohne Störung gelaufen. So etwas habe ich in neun Monaten noch nie erlebt. Wir machten 16 Paletten. Für mich ist das ein Rekord. Es war wie ein Weihnachtsgeschenk. Auch bei den anderen Anlagen hat alles wunderbar geklappt. Ich glaube, so eine Maschine hat eine Seele. Wenn jemand Neues kommt, benimmt sich die Maschine und zeigt sich von ihrer Schokoladenseite. Kann das sein?

Wenn die Maschinen diese Woche gut laufen und wir genug Paletten machen, bekommen wir Weihnachten vier Tage frei. Das wäre wie Urlaub. Wir würden zwar vier Tage nichts verdienen, aber wir wären trotzdem froh. Ich jedenfalls und die meisten anderen auch. Es gibt aber auch Leute, die mögen Weihnachten nicht, weil es zu Hause so langweilig ist. Nikolai zum Beispiel. Der möchte lieber arbeiten. Oder Khaled, der irakische Christ. Er hat eine hohe Stimme, keine Familie und einen Abschluss als Ingenieur, sagt er. Er ist etwa 45 Jahre alt und spricht relativ gut Deutsch. Am Anfang ermunterte ich ihn dazu, sich woanders zu bewerben, weil er so gut qualifiziert ist, aber er sprang darauf nicht an. Er meint, er sei zu alt, und richtig Lust auf Veränderung hat er auch nicht. Khaled ist auch so einer, der Weihnachten lieber arbeiten würde. Letztens hat er 21 Tage am Stück durchgearbeitet. Er sagte, ihm sei zu Hause langweilig. Sein Zuhause ist das Zimmer im Wohnheim der Firma. Schön ist es da sicher nicht. Trotzdem glaube ich, dass er das Geld braucht. Khaled ist seit sieben Jahren in der Firma. Seit sieben Jahren ist er müde, sagt er und lächelt dazu gequält

Im Wohnheim wohnt auch Bobo. Er ist ein lustiges Kerlchen. Ich glaube, er ist nur 1,60 groß. Er raucht nicht und kommt aus Burma. Da war er ein Jahr in Rangun im Gefängnis. Ein Teil seiner Familie wurde von der Junta erschossen. Durch den Faustschlag eines Polizisten ist er auf einem Auge blind geworden. Und doch ist er ein unglaublicher Spaßvogel, der alle zum Lachen bringt und wirklich sehr gut und sehr hart arbeitet. Nur manchmal ist er traurig. Aber wir alle sind manchmal traurig oder haben schlechte Tage. Bobo sagt, er kämpfe für freedom and democracy. Mit mir spricht er Englisch. Der langweiligen Stadt und der ätzenden Firma wünscht er »american rockets«. Er war in München auf dem Oktoberfest. Nach zwei Maß Bier ist er auf allen vieren gekrabbelt. München wünscht er »no american rockets«. Da will er mal hinziehen. Oder er geht nach New York, wo sein Bruder lebt. Von Deutschland aus können anerkannte Asylanten in die ganze Welt, sagt Bobo. Am Anfang hat er an einem Abend 400 Euro in einem Geldspielautomaten verloren. In Burma kann man mit denen wirklich spielen. Bei uns sind das Geldvertilgungsmaschinen. Das weiß er jetzt auch. Bobo kauft sich Frauen. In Frankfurt sind sie »cheap«, in München »better quality«. Ich mag ihn wirklich gerne. Der Meister kommt immer zu ihm und pfeift und bewegt den Arm dazu im Rhythmus, um ihn auf spaßige Weise anzutreiben. Wenn etwas nicht passt, sagt Bobo: »Oh my God«. Manchmal kreischt er wie ein Dschungelbewohner. Dann schreien wir alle rum. Wir brüllen Palette oder Toilette, Nikolai singt völlig falsch und überlaut die amerikanische Hymne. Es ist wie im Zirkus oder in einem Vogelkäfig. Wir haben so unsere Phasen, vor allem, wenn der Tag schon fast rum ist.

Freier Tag

Heute kann ich vielleicht mehr schreiben, weil ich nicht in die Firma muss, die aber seit zwei Tagen gar nicht mehr so schlimm ist. Erstens bin ich an die Arbeit dort schon gewöhnt, ich weiß, was zu tun ist, ich kenne die Leute. Und zweitens haben wir jetzt sieben neue Frauen bekommen. Das macht viel aus. Insgesamt sind wir ja nur um die 30 Personen. Die Neuen haben alle bei den Weihnachtsplätzchen angefangen und wollen jetzt bei uns fest übernommen werden.

Nikolai ist so ein Penner. In der letzten Stunde gestern musste ich Boris ersetzen und hatte zwei Anlagen gleichzeitig zu versorgen, da fragt mich dieser Idiot, ob ich für ihn noch vier Kisten schleppen kann, obwohl er genug Zeit hat, weil seine Arbeit schon vorbei ist. Der ist so was von faul und hat einen so miesen Charakter. Ich bin immer noch wütend. Eigentlich ist er ein ganz armer Kerl, denn wenn er bei uns rausfliegt, wenn die Krise im April kommt, dann kriegt er bestimmt nur schwer eine andere Arbeit. Der schmeißt seine kaputten Kartons einfach auf den Boden. Der kickt die grauen Schiebekisten mit dem Fuß mitten in den Weg, wo andere fahren müssen. Der schmeißt Teigkisten einfach so in die Tonne, ohne sie auszuleeren. Wo Dreck ist, arbeitet Nikolai. Daran kann man ihn leicht erkennen. So einer wird es schwer haben, wenn die Krise kommt. Nikolai ist auf jeden Fall gestört. Bei der Arbeitssuche und in der Probezeit ist das kein Vorteil.

Die neue Frau an unserem Roboter ist 17. Ihr Verlobter ist Schreiner und hat ihr zum Geburtstag ein Pferd für

2000 Euro geschenkt. Sie müsste gar nicht arbeiten, sagt sie. Sie braucht das Geld, sagt sie auch. Ein richtiges Kind noch. Ich schätzte sie auf 25. Marko meinte auch, sie sei älter. Ihm gefällt sie gut mit ihren blonden Haaren und ihrem dicken Hintern. Ohne Hintern geht nix, sagt Marko. Er mag diesen Typ Frau. Dass sie verlobt ist, macht ihm nichts aus. Er will es mal versuchen bei ihr. Er ist Single und Kosovo-Albaner und war ein Jahr oder länger bei den Serben im Gefängnis. Er hat ein rundes Gesicht und unten einen Zahn zu wenig. Die Haare gehen ihm aus, er ist eher klein und seit drei Jahren in der Fabrik. Über die schlechte Bezahlung meckert er fast täglich. Er geht einmal im Monat in einen tschechischen Puff, wo man für 50 Euro in einer Stunde mit einer Frau zweimal darf. Zwei Meter große Frauen gibt es da. Marko greift sich gerne in den Schritt, wenn er eine Frau sieht. Den Chinesen von der Waschanlage forderte er zum Schwanzvergleich, aber der Chinese hatte keine Lust. Nikolai sagte mal, er brauche im Pausenraum immer einen Extrastuhl für seinen Schwanz.

Wenn die Russen im Pausenraum zusammensitzen und in ihrer harten Sprache und mit ihren harten Gesichtern und rauchigen Stimmen das Leben verhöhnen, dann bin ich ganz ergriffen von so viel Männlichkeit und wünsche mir, dass auch die deutschen Männer etwas russischer wären: härter, mutiger und beseelter. Aber es hat wohl nichts mit deutsch oder russisch zu tun. Diese Typen gibt es auch bei uns. Aber so selten. Oder zumindest nicht im Fernsehen. Da sind die Männer alle so smart und lieb und putzig, so schön und gesund und rein wie kleine Mädchen.

Das Gute bei uns ist auch der rauhe Ton. Alles muss schnell gehen, und wir sprechen verschiedene Sprachen.

Deshalb sind die Anweisungen kurz und sehr deutlich. An meinem ersten Tag hieß es nur: »Tüten zumachen!!!« Also machte ich die Tüten zu. Keiner redet lange um den heißen Brei herum, alles ist ganz klar. Bei der Arbeit redet niemand, ohne etwas zu sagen. Unsere Welt da drin ist überhaupt keine Fernsehwelt. Es sieht auch nicht schön aus in der Firma. Da hängen keine Blumen an der Wand und keine Poster. Da gibt es keine Werbeplakate, kein Schaufenster und kein Design, das dem Auge schmeichelt. Da stehen die Dinge rum, die wir brauchen, und sonst gar nichts. Denn wir machen die Sachen, die erst später beworben und verkauft werden. Wir produzieren die Dinge, die die Leute draußen kaufen. Für den Verkauf sind andere zuständig. Wir sind in der Küche und nicht im Restaurant.

Ich rede rum wie ein arroganter Typ, der sich eben mal den Kick gibt, bei den einfachen Leuten vorbeizuschauen, und dann wieder zurück in seine piekfeine Schnöselwelt geht. Keiner von den Leuten in meiner Schicht schreibt über die Firma ein Buch, keiner liest besonders viel, keiner hat studiert, und keiner ist so ein grübelnder Denker wie ich. Manchmal schäme ich mich, dort zu arbeiten. Aber ich muss. Es ist keine verdammte Studie, die mich da reingetrieben hat, sondern Geldnot. Also bin ich doch einer von denen.

Tag 81

Gestern ist mir etwas Peinliches passiert. In der Pause war ich auf der Toilette, und das Waschbecken war besetzt. Also bin ich dummerweise an dem Waschbeckenbesetzer vorbei nach draußen gegangen. Er ruft hinter mir her: »Kollege, Hände waschen!« Ich komme zurück, sage: »Freilich«, und wasche mir die Hände. Der Besetzer war dieser Araber oder Türke von der Waschanlage, mit dem ich ohnehin oft Probleme wegen den grünen Kisten habe. Wir brauchen beide diese elenden Kisten, und es sind oft zu wenige. Eins zu null für ihn. Ich schäme mich. Ich werde mir in Zukunft immer die Hände waschen, auch wenn ich dafür fünf Minuten Schlange stehen muss und dann nur noch 10 Minuten Pause machen kann.

Und dann habe ich mich gestern noch ein zweites Mal für meine Landsleute geschämt. Qualitätschef Müller möchte an unserem Roboter ein neues Fließband einsetzen, damit er einen Arbeiter einsparen kann. Aber die Sache hat überhaupt nicht funktioniert. Am Ende standen wir zu neunt am Roboter und nicht zu dritt wie geplant. Dann haben sie den Irrsinn wieder abgebaut. Die Konstruktion ist eine Erfindung unserer Mechaniker. Sie sieht aus wie von einem Dreijährigen. Mit Deutschland geht es schwer bergab. Natürlich fragt niemand von den Weißkitteln uns Arbeiter, wie man das machen kann. Wir kennen die Maschine, weil wir jeden Tag mit ihr arbeiten. Der Müller schiebt die Unterlippe vor wie ein trauriger Clown. Seine Stimme ist so hoch wie die einer alten hysterischen Frau. Die runde Brille unterstreicht das komische Bild. Der Müller ist für unsere Schicht so eine Art

Oberchef. Selbst unser Meister kuscht vor ihm. Warum haben bei uns die größten Idioten immer am meisten zu sagen?

Wenn ich so vor mich hin arbeite da drin, habe ich oft Phantasien. Am Anfang träumte ich immer von Essen, von guten Gerichten, und mir sind ganze Menüs eingefallen, die ich auch kochte. Dann träumte ich von Städten. Von München und New York, Paris und Budapest, wie ich durch die Straßen gehe und U-Bahn fahre, wie ich im Café sitze und im Museum Bilder betrachte. In letzter Zeit träume ich von Wäldern und Wiesen, von Spaziergängen in den Bergen, ich rieche den Waldduft, sehe die einzelnen Sonnenstrahlen am Waldboden, höre die Vögel und Insekten. Es ist schön, sich so wegzudenken. Anders wäre es gar nicht zu ertragen.

Es gibt in der Firma keinen Sonntag und keine besinnliche Weihnachtszeit. Früher gab es einmal eine Weihnachtsfeier, aber die war angeblich katastrophal, weil sich die Leute stritten und alles versauten. Die einen trinken Bier und Schnaps, die anderen Limo, das ist schwierig. Heute kommt der Plan für nächste Woche. Hoffentlich haben wir wirklich vier Tage frei. Es ist wie Überleben, wie Krieg, wie Knast. Und ich weiß immer noch nicht, ob es mir guttut oder nicht. Wahrscheinlich beides. Mein Freund Peter meint, es sei ein Raubbau an Körper und Geist. Aber vielleicht ist es ganz gut, wenn ich körperlich und geistig abspecke. Ich habe in neun Monaten 14 Kilo abgenommen. Ob mein Geist auch abgenommen hat, weiß ich nicht, aber ich glaube schon. Ich sehe die Dinge jetzt klarer und gelassener. Ein bisschen dumm sein kann nicht schaden. Der Müller ist auch dumm und trotzdem wichtig. Und er verdient mehr als ich.

Zum Beispiel Oleg: Der ist intelligent, gebildet und

gutaussehend. Aber er säuft. Intelligenz ist nicht alles, wenn es um Erfolg geht. Man muss auch hartnäckig sein, entschlossen, diszipliniert und was weiß ich noch alles. Ich habe ja keinen Erfolg bis jetzt. Ich bin ein Akademiker, der in einer Firma arbeitet, die ihre Leute zum Teil aus dem Asylantenheim bezieht. Eine echte Karriere sieht anders aus.

Freie Tage

Die Weihnachtswoche läuft. Ich habe fünf Tage frei. Das ist gut. Es sind noch 13 Wochen, die ich da drin zu verbringen habe, und ich weiß nicht, ob ich am Ende eher glücklich oder eher wehmütig sein werde. Vielleicht werde ich die Leute vermissen, die Russen und Araber, die Thailänderinnen und die Chinesen, die Kroaten, Polen und Albaner. Wenn ich im Pausenraum sitze, höre ich oft mehrere Sprachen gleichzeitig. Russisch, Arabisch, gebrochenes Deutsch, Hochdeutsch, Ostdeutsch, Süddeutsch, Thailändisch, Serbokroatisch, Türkisch. Ich habe schon einige Wörter gelernt. Manchmal nervt es, oft ist es interessant. Die Stimmung in meiner Firma ist multikulturell. Aber wir machen keine Folkloretänze, und die Moslems beten nicht nach Mekka bei uns. Dazu ist keine Zeit. Wir arbeiten hart, und in den kurzen Pausen rauchen und erzählen wir, ruhen uns aus und essen vielleicht etwas.

Obwohl einem in diesem Pausenraum das Essen vergehen kann, weil es so fürchterlich schmutzig ist. Überhaupt ist die Firma ein Dreckloch. Dort werden Lebensmittel produziert, und ich finde, es müsste viel sauberer sein, aber die Leute vom Gesundheitsamt meinen, das passt schon. Also passt es auch, und man kümmert sich nicht weiter darum. Stattdessen wird man nach und nach selber zur Dreckschleuder. Man verändert sich im Lauf der Zeit in dieser Firma. Am Anfang staunte und ärgerte ich mich über die Nachlässigkeit der Arbeiter dort. Kaffeebecher werden achtlos neben den Mülleimer geschmissen, auf dem Boden liegt Zigarettenasche, im Kühlhaus werden Paletten kreuz und quer in den Weg gestellt, auf den Gängen lässt man Kisten und Hubwagen stehen, die Toiletten sehen aus wie nie geputzt. Zunächst versucht man, dagegen anzukämpfen, aber das kostet immens viel Kraft, also lässt man es nach einer Zeit und hebt den heruntergefallenen Kaffeebecher aus Schwäche eben nicht mehr auf.

Ich hoffe sehr, dass in meiner Seele durch die Arbeit dort nichts unwiederbringlich kaputtgegangen ist. Wenn es nur die Schnörkel und Flausen, die Überheblichkeit und die Anmaßung sind, die ich dort verloren habe, soll es mir recht sein. Wenn ich den Glauben an mein Land, an die Zukunft Europas, die gute Gesinnung und Intelligenz unserer Eliten verloren habe, ist es auch darum nicht schade. Doch wenn ich mir vorstelle, dass Millionen Menschen dieser Erde froh wären, wenn es in ihren Fabriken nur so schlimm zugehen würde wie in meiner, wird es mir mulmig, und die Worte kommen mir nicht mehr so leicht über die Lippen. Das Schwätzen fällt schwerer. Wenn ich jetzt Kulturberichte im *Deutschlandfunk* höre und das Feuilleton der *Süddeutschen Zeitung* lese, denke ich mir oft, wie klein, unbedeutend und ahnungslos das alles doch ist, obwohl es mir vorher viel bedeutete. Die Probleme der Mittelschicht und des Bildungsbürgertums kommen mir farblos und erfunden vor. Die Beziehungskisten der Spaß- und Singlegesellschaft erscheinen mir wie eingebildete Kinderkrankheiten, gegen die nur ein hartes Wort hilft. Die Mittelschicht, zu der ich gehöre, kommt mir infantil und unreif vor.

Gestern bin ich in unserer Stadt spazieren gegangen. Ich entdeckte eine Parkstraße. Das hört sich gut und edel an, dachte ich, und tatsächlich sah ich zahlreiche tolle Häuser ohne Namen auf dem Klingelknopf, wunderbare teure Autos und gutgekleidete wohlgenährte Bürger mit feinem Haarschnitt und schickem Anzug. Bei uns in der Firma sehen die Arbeiter nicht so schön aus. Ihnen fehlen oft Zähne. Sie sind mager, haben Warzen, schlechte Frisuren und billige Jacken. Manche stinken übel nach Schweiß. Die meisten sind bleich und wirken sehr müde. Vor den Häusern der Parkstraße stehen Basketballkörbe und Spieltraktoren, bunte Drachen und teure Kinderfahrräder. Auf die Kinder aus der Parkstraße wartet ein reiches und erfülltes Leben. Die Kinder meiner Kollegen haben keine Chance, in dieser Gesellschaft nach oben zu kommen.

Ninka ist im fünften Monat schwanger. Sie raucht noch immer. Ihr Kind wird mit hoher Wahrscheinlichkeit ein Sozialfall. Olegs Schwester hat ein Kind bekommen. Er hat ihr einen Kinderwagen für 400 Euro gekauft und ein Kinderzimmer für 2000 Euro. Jetzt ist Oleg pleite. Der Vater des Kindes von Olegs Schwester saß wegen 5000 Euro Schulden im Gefängnis. Er kümmert sich nicht um das Kind. Oleg sagt, dieser Vater sei ein schlechter Typ. Auch dieses Kind hat wenig Chancen auf Reichtum, Bildung und Anerkennung. Dieses Phänomen ist schon bekannt. Man nennt es soziale Ungleichheit. In schlecht verkäuflichen Büchern kann man viel darüber lesen. Das verstärkte Sehen und Erleben dieses Problems macht meine Seele nicht kaputt. Es ist etwas anderes, das sie kaputtmacht: Ich sehe keine Lösung für dieses Problem. Weder der Liberalismus noch der Kommunismus, nicht der Nationalismus, nicht die Sozialdemokratie, nicht die Ökologie der Grünen, nicht der Konservatismus der Union, keine Monarchie, keine Diktatur, keine Herrschaft des Adels kann dieses Problem der sozialen Ungleichheit lösen. Es scheint mir eine anthropologische Konstante zu sein, wie der Geschlechtsunterschied, wie die Tatsache des Krieges, wie Krankheit und Tod. Diese Ungleichheit scheint zum Leben zu gehören. Sie ist unverrückbar wie ein Berg. Sie gehört zur Topographie des Daseins. Es scheint mir kein soziologisches Problem zu sein, das man durch ein paar elegante Reformvorhaben beseitigen kann, sondern es handelt sich womöglich um eine substantielle Tatsache, die man philosophisch oder metaphysisch erklären, aber nicht beseitigen kann, die man mit Hilfe der Psychologie verarbeitet und den Menschen erträglich machen kann. Es scheint eine Tatsache zu sein, die man mit dem Beistand der anregenden und erregenden Medien aus dem Bewusstsein verdrängen kann. Und die Menschen auf der Straße helfen sich dagegen mit dem bewährten uralten Hausmittel der Ignoranz. Aber man kann diese Tatsache nicht aus der Welt schaffen, sondern nur abfedern, abschwächen vielleicht, human gestalten und entschärfen. Während der Arbeit ist mir ein Bilderwitz eingefallen. Ein großer und ein kleiner Mann stehen nebeneinander. Darunter steht die Zeile: Alle Menschen sind gleich. Das macht mich kaputt, denn ich kann über diesen Witz nicht lachen.

Was meine Seele schmerzt, ist die Erkenntnis, dass die Arbeiter dort in meiner Firma aus guten Gründen Arbeiter sind, die nur 8 Euro 10 in der Stunde verdienen. Weil ich jetzt diese Fabrikarbeiter kenne, weil ich mit ihnen geschwitzt und gelitten habe, weil ich Rückenschmerzen, blutende Wunden und bleierne Müdigkeit mit ihnen geteilt habe, erlaube ich mir, offen über sie zu sprechen. Akademiker, die aus der Mittelschicht stammen und im Auftrag von Universitäten über die Unterschicht forschen, haben meist eine sehr respektvolle, nachsichtige und behutsame Art, über die Angehörigen dieser Unterschicht zu berichten. Denn kaum einer dieser Forscher arbeitet ein ganzes Jahr lang für wenig Geld 45 Stunden in der Woche mit den zu Erforschenden. Ich habe das getan und tue es noch immer. Deshalb nehme ich mir die Freiheit, meinen Seelenschmerz zu überwinden, und schreibe auf, was ich für wahr halte:

In meiner Fabrik herrscht die Dummheit. Sie wird unterstützt von der Faulheit, dem Wahnsinn, der Krankheit und der Unordnung. Wir haben Mitarbeiter, die seit 10 Jahren in Deutschland leben und kaum Deutsch können. Es gibt Leute, die über großen Geldmangel klagen und sich einen Neuwagen für 20000 Euro auf Kredit kaufen. Es gibt bei uns Übergewichtige, die in einer Schicht zwei Liter Coca-Cola trinken. Ich kann diese Dummheit nicht argumentativ nachweisen, und doch scheint sie mir zu existieren und eine Wurzel der sozialen Ungleichheit zu sein. Bietet unser Land nicht alle Chancen, die man nutzen kann, wenn man intelligent genug ist? Die Ausländer können Deutsch lernen, die Armen zwei Kilometer zum Arbeitsplatz mit dem Fahrrad fahren, die Dicken statt Cola Wasser trinken. Ist das so schwer? Es ist die Dummheit, die im Weg steht. Es ist die Dummheit, die viele Reformvorhaben scheitern lässt. Es ist die Dummheit, die einen Mann über Jahrzehnte mit 1200 Euro netto nach Hause gehen lässt. Und es ist die Dummheit der Arbeiter, die Karl Marx nicht bedacht hat. Niemals wird aus den Fabriken eine Revolution kommen. Keiner weiß dort, was eine Revolution ist. Nur wenige können das Wort korrekt schreiben.

Früher dachte ich, die Oberschicht sei böse. Jetzt denke ich, die Unterschicht ist dumm. Das ist für mich eine Kurve, die ich gar nicht nehmen wollte. Nun bin ich aber durch und kann sie nicht mehr verleugnen. Meine Kollegen sind in der Mehrzahl dumme Menschen. Ich selbst muss ein Dummkopf sein, wenn ich nur dort Arbeit finde. Und jetzt weiß ich auch, warum normale Arbeiter bei uns so schlecht angesehen sind und warum es in der Parkstraße so schön ist. Vor dieser Tatsache habe ich lange die Augen verschlossen: Es gibt begabte und unbegabte Menschen. Die Begabten wohnen irgendwann in der Parkstraße oder gar in der Schlossallee, die Unbegabten müssen sehen, dass sie ihre Miete für das Loch in der Turmstraße zusammenkratzen können. Die Begabten arbeiten in schönen Büros mit schönen Computern und schicken Espressomaschinen, die Unbegabten sind froh, wenn noch etwas Tabak in ihrem Beutel ist und ein Kaffeebecher im Automaten. Wir sind keine Opfer, sondern unbegabte Trottel. Das tut weh, aber ich glaube, es stimmt.

Etwas ist in mir kaputtgegangen. Meine Hoffnung wurde enttäuscht. Ich glaube nicht mehr daran, dass den Menschen in meiner Fabrik geholfen werden kann. Ich glaube auch nicht mehr daran, dass den Menschen in anderen Fabriken geholfen werden kann. Ich glaube jetzt, dass sich jeder selber helfen muss. Und ich bin sicher, dass die Zukunft viele Verlierer und nur wenige Gewinner sehen wird. Man könnte fragen, was man gegen die Dummheit tun kann, aber das wäre eine soziologische Frage, und ich glaube nicht mehr an die Soziologie. Die Aufklärung ist gescheitert. Das Projekt der Moderne hatte keinen Erfolg. Die Menschen werden nicht immer klüger, besser, sozialer und friedlicher. Der Fortschritt ist ein Märchen. Utopia existiert nicht. Das Paradies auf Erden ist unerreichbar.

Morgen ist Weihnachten. Überall in der westlichen Welt werden hohe Damen und Herren ihren Untertanen Märchen erzählen. »Yes we can«, »Wir werden es schaffen«, »Alles wird gut« und andere Phrasen werden sich durch TV-Geräte in zahlreiche Augen und Ohren ergießen. Darüber kann ich nur bitter lachen. Frau Merkel, Mister Obama, Monsieur Sarkozy, arbeiten Sie einen Monat bei uns in der Fabrik, in der Spätschicht von 2 bis 10! Vielleicht verstehen Sie dann, warum immer weniger Menschen zur Wahl gehen. Als Personalersatz für diesen einen Monat Ihres Betriebspraktikums schicke ich unseren Schichtleiter auf Ihre Präsidenten- und Kanzlerinnenstühle. Er heißt Markus, und ganz am Anfang sagte er, wir müssten alle ein wenig mehr Perspektive zeigen. Recht hat er. Vielleicht werden die Leute ihn mehr mögen als Sie. Vielleicht wird es ein Arbeitsplatztausch auf Dauer. Wäre das so schlimm? Bei uns ist doch alles wunderbar, sagen Sie. Es ist doch super, wenn man einen Arbeitsplatz hat. Ich freue mich auf jeden Fall darauf, wenn Sie bei uns vorbeischauen. Bei uns bekommt jeder eine Chance. Wir nehmen jeden Deppen.

Freiheit

Vielleicht hätte ich drinbleiben sollen, weiterarbeiten, meinen Leuten helfen. Aber es ging nicht, weil ich andere Verpflichtungen habe und der Job nur als Geldlückenfüller gedacht war. Es war nur ein kurzes Reinspitzen in die Realität der Niedriglöhner. Ein Jahr war ich in der Firma. Jetzt bin ich schon fast fünf Wochen draußen. Und ich fühle mich wie ein Kriegsveteran, wie ein Vietnam-Heimkehrer, wie ein Soldat, der es in der zivilen Welt nicht immer leicht hat. Ich war so scharf auf die Freiheit, und jetzt ist es doch ein komisches Gefühl, wieder draußen zu sein, in der normalen Welt, in meiner Normalität. Wo ist der ganze Dreck? Wo sind die Ausländergesichter, die verschiedenen Sprachen, wen kann ich anbrüllen, wann kann ich endlich wieder eine Palette ins Kühlhaus ziehen? Wann kann ich wieder dreckig lachen, richtig böse sein, leiden, Schmerzen spüren? Die Welt draußen ist so lau, so sauber, so zart, so weich und sanft, dass ich mir irgendwie fehl am Platz vorkomme. Es ist nicht mehr meine Welt. Ich habe Schwierigkeiten, mich in der Mittelschichtnormalität wohlzufühlen.

Und deshalb will ich weitererzählen, was ich erlebt habe. Ich will mich in die Zeit zurückversetzen, als ich drin war, meine Erinnerungen festhalten. Ich will weiter in Kontakt mit dem Job bleiben, der für mich eine prägende Funktion hatte. Vielleicht habe ich auch ein kleines Trauma von dieser Arbeit mitgenommen, das ich durch das Schreiben verarbeiten kann. Denn es war doch nicht irgendein Job, bei dem man nur Geld verdient und den man dann schnell vergisst, sondern eine Augen öffnende

Grenzerfahrung, die dem Leben eine neue Richtung gibt. Mein geistiges Koordinatensystem hat sich durch diese Arbeit verändert. Ich glaube, zum Positiven. Heute sehe ich viele Dinge klarer. Ich ordne Gesehenes und Gehörtes anders ein. Aber ich werde auch älter. Ich gehe auf die 40 zu und bekomme graue Haare. Vielleicht hat die Arbeit mich einfach nur geschlaucht. Ganz knackfrisch fühle ich mich auf jeden Fall nicht mehr, und so naiv wie früher auch nicht. Mir sind einige Illusionen flöten gegangen. Ob es wirklich an der Arbeit in genau diesem Betrieb lag, kann ich nicht sagen. Die Welt ist im Moment stark im Wandel. Da verlieren auch andere Menschen Illusionen, die nicht in dieser Firma gearbeitet haben, sondern in einer anderen oder gar nicht.

Was ist das für eine Freiheit, wenn man nicht mehr in die Firma muss? Wenn es keine Überwindung gibt, keinen Chef, der dich nervt, keinen Kaffeeautomaten, der nicht funktioniert, keinen Plan, keinen Auftrag? Wie schön ist das Leben ohne Arbeit? Es ist fad, wenn man nichts zu tun hat. Es ist langweilig, den ganzen Tag nur rumzusitzen und zu schwätzen und Zeitungen zu lesen und Radio zu hören. Man muss etwas tun. Man muss seinem Leben einen Sinn geben. Der Mensch ist nicht zum Faulenzen geboren. Wer nichts tut, wird behäbig. Fünf Wochen habe ich mich ausgeruht. Jetzt geht die Arbeit weiter. Ich bin Schriftsteller. Ich muss schreiben.

Warum muss ein Akademiker
für 8 Euro 10 pro Stunde arbeiten?

Diese Frage beschäftigt mich schon lange. Es ist leider wahr, dass ich diesen Job nicht im Rahmen einer hochschulfinanzierten Studie durchgeführt habe, sondern schlicht gezwungen war, mich in dieser Billigfabrik zu bewerben, weil ich nirgendwo sonst etwas fand. Nun habe ich Soziologie studiert, das Fach kennt und braucht keiner. Dann die berühmten Lücken im Lebenslauf, der fehlende rote Faden, keine Praktika, zu viele Billigjobs im Portfolio, das schreckt den Personaler. Und diese Augenringe, die fahle Haut vom Rauchen, das billige Jackett, der fremde Dialekt, es muss ja an irgendetwas liegen, dass ich auf 200 Bewerbungen nur Absagen bekam. Ich habe auf dem hiesigen Arbeitsmarkt keine Chance. In einer anderen Lebenssituation wäre ich längst aus Deutschland fortgegangen, irgendwohin, wo man es schätzt, wenn jemand drei Sprachen spricht und viel gelesen hat. Ich glaube, es gibt solche Länder.

Ich konnte nicht anders. Davor war ich Freiberufler. Ich zahlte 300 Euro für meine Krankenversicherung und verdiente 900 Euro, wenn es sehr gut lief. Meistens ging ich aber am Ende des Monats mit 100 Euro plus nach Hause. Das war zu wenig. Ich hätte mich arbeitslos melden können, da hätte ich noch drei Monate Anspruch auf 150 Euro im Monat gehabt. Danach aber nichts mehr, weil wir für Hartz IV nicht arm genug sind. Und als Arbeitsloser muss man dauernd zu irgendwelchen unmotivierten Beratern gehen, die einem sinnlose Tipps geben. Deshalb habe ich mich in der Fabrik beworben und konnte eine Woche nach der Bewerbung anfangen. Die Bewerbung bestand darin, einen vorgedruckten Zettel auszufüllen und ihn am Schalter abzugeben. Es gab kein Bewerbungsgespräch, niemand stellte Fragen. Auf dem Zettel musste ich unterschreiben, dass ich keiner Gewerkschaft angehöre. Dazu Name, Adresse, Telefon, Bankverbindung und frühere Jobs. Ich gab nur zwei meiner etwa 50 früheren Jobs an. Den Fabrikjob meiner Studentenzeit in einem Versandhandel und den Möbelpackerjob vor zwei Jahren. Das reichte. Ich bekam vier Tage später einen Anruf. Fangen Sie bitte um 14 Uhr am Montag an. Ich sagte, wunderbar, und die Sache war geregelt. Das nenne ich unkompliziert.

Ich hätte fünf Jahre Knast haben können oder AIDS, es wäre niemandem aufgefallen. Die Gesundheitsbelehrung fand eine Woche nach Beginn der Arbeit statt. Da musste ich mir einen Film anschauen. Und das habe ich gemacht. Dann habe ich unterschrieben, dass ich den Film gesehen habe. Fertig. Es ist dramatisch, wie lax mit Lebensmitteln in Deutschland umgegangen wird, aber mir war es ganz recht so, schließlich brauchte ich die Arbeit, und der ganze bürokratische Klimbim blieb mir auf diese Weise erspart. Es gibt Situationen im Leben, da lässt man seine moralischen Bedenken lieber stecken und macht keine Scherereien. Als ich den Arbeitsvertrag bekam, musste ich noch ein zweites Mal unterschreiben, dass ich kein Gewerkschaftsmitglied bin. Da kriegt man schon kalte Füße, aber ist dann doch froh, dass man wirklich kein Gewerkschaftler ist, sonst wäre man weiter ohne Job und ohne Geld. Vielleicht ist das ein Skandal. Einige Bekannte haben mir gesagt, da würden sie nie arbeiten. Und dann noch für den Lohn. Aber was sollte ich machen? Es gab keine Alternative. Vielleicht war sie schon irgendwo, aber ich fand sie nicht. Sie hatte sich zu gut versteckt.

In der Firma gab es einige Akademiker. Von 32 Leuten in der Schicht hatten sechs studiert. Ein Iraker, ein Pole, ein Burmese, zwei Russen und ich. Warum rackern wir uns in dieser elenden Firma die Seele aus dem Leib und sitzen nicht gemütlich vor dem PC im vollklimatisierten Büro? Weil ein Studium nur eine Chance ist und kein Garantieschein. Man erwirbt mit dem Studienabschluss nicht den Anspruch auf eine gutbezahlte Stelle. Das wissen viele Akademiker aus eigener Erfahrung. Es ist also nicht schlecht, wenn man sich als Akademiker zur Not auch in einer schlechtbezahlten Stelle behaupten kann. Das ist nicht ganz einfach. In schlechtbezahlten Stellen kann der Chef ein Dummkopf sein, der Kollege ein Analphabet, ein Schläger, ein Exknacki oder ein Akademiker aus einer anderen Fakultät. Es empfiehlt sich, nicht allzu gescheit aufzutreten, möglichst wenige Fremdwörter zu verwenden, dafür aber laut und deftig zu fluchen. Man sollte sich als ganzer Kerl zeigen und gut anpacken. Als Akademiker steht man in einem schlecht bezahlten Job unter besonderer Beobachtung. Man muss aufpassen, dass man nicht zu den Opfern gehört, sonst kann der Job so höllisch werden, dass man ihn aufgibt und wieder beim Wochenblatt für 15 Cent pro Zeile arbeitet.

Es ist eine Grundfrage, ob man als Akademiker zur Not auch einen miesen Job annehmen soll. Für die spätere Karriere ist es eher hinderlich, als Miesbezahlter gearbeitet zu haben. Wenn man sich in Deutschland für einen Oberklassenjob bewirbt, sollte man im Lebenslauf lieber nicht stehen haben, dass man zwei Jahre als einfacher Arbeiter geschuftet hat. Das hat einen schlechten Unterklassengeschmack. Besser ist es, drei Jahre arbeitslos gewesen zu sein und sich eventuell sozial zu engagieren und einige Weiterbildungen zu absolvieren. Vielleicht in New York als Sozialarbeiter helfen oder die richtigen Computerprogramme lernen. Das klingt logisch, aber es ist auch teuer. Wer kann sich so etwas leisten? Das sind reiche Leute und solche, die beizeiten Verzicht üben können. Ich gehörte zu keiner dieser beiden Gruppen, und so kommt es, dass ich heute mit 8 Euro 10 in der Stunde zufrieden sein muss. Und so wie mir geht es vielen Akademikern. Die haben alle irgendwelche Fehler begangen und sind deshalb heute Taxifahrer, Supermarktkassiererinnen, Prostituierte, Barkeeper oder Bühnenarbeiter. Sie protestieren nicht, weil sie wissen, dass es ihre eigene Schuld war, dass sie heute nur wenig verdienen.

Ein gewaltiges Bildungskapital liegt zurzeit in Deutschland brach. Hochqualifizierte Menschen machen einfachste Tätigkeiten oder sitzen zu Hause und warten. Aber wo ist die staatliche Förderung für Akademiker auf dem Abstellgleis? Denen hilft man nicht, die können sich selber helfen. Als ich in Würzburg zum ersten Mal Arbeitsamtluft riechen musste, sagte man mir genau das. Wir können uns nicht um Sie kümmern, weil wir Sie für intelligent genug halten, sich selber zu helfen. Da bedankt man sich gleich für die Lorbeeren und hilft sich selbst. Und es klappt. Nur sechs Prozent der Akademiker sind arbeitslos gemeldet. Das ist wenig. Ein Studium macht schlau. Daran gibt es keinen Zweifel. Aber manchmal muss man eben auch in den unteren Etagen arbeiten. Es fällt uns Akademikern leicht, einen Sonderschüler von seinem Platz zu verdrängen. Man nimmt in Billigfirmen gerne Hochschulabsolventen. Die denken mit, die können arbeiten, die können lesen und schreiben. Die sind besser als stammelnde Schulabbrecher. Es ist deshalb für die ganz Unqualifizierten heute besonders schwer, einen Job zu finden, weil sie auch mit Menschen konkurrieren müssen, die ein Studium geschafft haben.

Wer ein Studium geschafft hat, der knackt früher oder später auch die 10-Euro-Grenze. Für uns Akademiker ist der Billiglohnbereich nie eine echte Heimat. Wir haben immer eine gewisse Distanz zu den Kollegen und zur Arbeit selbst. Wir sind klug genug, um uns nicht völlig ausbeuten zu lassen. Mit uns kann man nicht alles machen. Wir wissen, wie man sich wehrt, wir können argumentieren. Für das Kollegium ist das oft ein Vorteil, weil es das Arbeiten leichter macht, wenn jemand dabei ist, der denken kann. Man sollte sich als Akademiker nicht zu schade sein, auch billig zu arbeiten. Denn man tut der Firma und den Kollegen einen Gefallen, wenn man sein Wissen auch ganz unten einsetzt. Gerade für Soziologen, die sich als Anwalt der unterdrückten und ausgebeuteten Menschen verstehen, müsste es eine Selbstverständlichkeit sein, dass man diesen Menschen hilft. Und man hilft ihnen am besten dort, wo sie wirklich Hilfe brauchen, nämlich am Arbeitsplatz. Man hilft, indem man eine Palette zieht, grüne Kisten besorgt, den alten Teig wegkippt, das Chaos bekämpft, den bösen Mobber in die Schranken weist, dem Chef widerspricht, Streits schlichtet, zuhört, mitschwitzt, mitmacht. Das ist echte und direkte Hilfe. Texte schreiben, Gesetze entwickeln, Studien zur Ungleichheit durchführen, Statistiken analysieren – das sind, wenn überhaupt, nur sehr indirekte Hilfen. Aber die sind natürlich besser bezahlt. Nur sollte man auf sein soziales Engagement nicht allzu eingebildet sein, wenn man selbst reich und gemütlich im Büro sitzt. Weltverbesserung findet nicht nur im Studierzimmer statt. Aber ich bin nicht in diese Fabrik gegangen, um den Unterdrückten zu helfen, sondern um meinen Kontostand zu optimieren.

Die Vorteile einfacher Arbeit

Es wirkt vielleicht etwas bedrückend, wenn ich den Firmenalltag schildere, wie ich ihn täglich erlebt habe. Es klingt ätzend, sechs Tage die Woche in der immer gleichen grauen Halle zu verbringen und ein irres Chaos aus Dummheit und Wahnsinn zu bewältigen. Aber es gibt auch ein paar Vorteile einfacher Arbeit, die man nicht verschweigen darf. Zunächst einmal muss auf die fehlende Verantwortung des Arbeiters verwiesen werden. Der 8-Euro-10-Arbeiter darf Fehler machen. Man erwartet es geradezu von ihm, sonst würde er ja mehr verdienen. Man wundert sich, wenn er keine Fehler macht. Wir haben ein Kühlhaus, in dem minus 26 Grad herrschen. Da hält man sich besser nicht zu lange auf. Man kann sich leicht einen Finger abfrieren, vor allem, wenn man kalte Kisten mit bloßen Händen hochhebt. Das Kühlhaus hat drei Gänge. Einen vorderen, einen hinteren, und ganz hinten sind die Kabinen. Der Kühlhausmeister ist ein Deutscher. Er bittet uns, die fertigen Paletten ganz nach hinten in die Kabinen zu fahren, damit er weniger Arbeit hat und die Lastwagenfahrer gleich rankönnen. Nun war ich in dem einen Jahr der Einzige, der die Paletten wirklich nach hinten in die Kabinen gezogen hat. Dafür wurde ich von den Kühlhausleuten gelobt. Und von meinen Kollegen verlacht. Wanja fragte mich, warum ich das tue, es sei doch egal. Willst du eine Ehrenkette?, fragte er mich. Ich sagte, das müsse ich so machen, es ist mein Job, dafür werde ich bezahlt. Er sagte, es sei doch völlig egal. Wir stritten uns ein bisschen. Drei Wochen später hat er gekündigt. Jetzt ist er auf einer Baustelle.

Wanja ist ein gutes Beispiel für die Vorteile einfacher Arbeit. Er heißt Iwan und kommt aus Kasachstan. Die Russen nannten ihn Wanja. Die Russen haben für jeden Namen einen Spitznamen. Wladimir heißt Wowa, das Wölfchen, zu Nikolai sagen sie Kolja, Dimitri heißt Mitri. Wanja auf jeden Fall ist 40 Jahre alt und sieht aus wie kurz vor 60. Er raucht Red Bull Tabak, selber gedreht, ohne Filter. Seine Stimme ist aber so rauh und so kaputt, dass es nicht nur die Zigaretten sein können, die sie so ruiniert haben. Es liegt auch nicht nur an den Zigaretten. Wanja ist ein waschechter Säufer. Jeden Tag brauche er sieben Weißbier und ein paar Wodka, sagte er mir. Und er zeigte mir lustig, wie er dann immer rumtaumelt. Er fragte mich, wie viel ich brauche. Ich sagte vier, aber nicht jeden Tag. Wanja hat zwei kleine Kinder und eine Frau. Ich fragte ihn, ob sich seine Frau nicht aufrege, wenn er immer besoffen sei. Er sagte, doch, das tue sie, das sei ihm aber scheißegal, Frauen seien nur Fotzen.

Wanja konnte jede Nacht sieben Weißbier trinken, und niemanden störte es. Das geht nur bei einfacher Arbeit, schätze und hoffe ich. Wanja arbeitete so langsam, dass er überall sonst rausgeflogen wäre, aber nicht bei uns, wir brauchen jeden Mann. Ich sagte mal zu ihm, er solle in den vierten Gang schalten. Er sagte, er habe nur zwei Gänge. Aber er war doch ein netter Kerl. Als ich mal über 40 Paletten in einer Schicht ziehen musste, entschuldigte er sich bei mir für dieses Unglück. Wanja war Hobbyangler. Er erzählte mir vom König der Flüsse, dem riesigen Wels. In Kasachstan hat er mal einen Wels gesehen, der so groß war, dass er hinten auf einem Lastwagen keinen Platz hatte. Der Schwanz hing einen Meter raus. Das königliche Tier war sechs Meter lang. Er sagte mir, dass Peter der Große am liebsten getrockneten Rot-

barsch aß. Das hielt ich zwar für eine PR-Aktion des Za-
ren, aber egal. Wanja wollte mir mal so einen Trockenfisch
mitbringen. Die Russen mögen Trockenfisch zum Bier.
Boris wunderte sich, dass die Deutschen Brezen zum Bier
essen. Igitt, sagte er und schüttelte angewidert den Kopf.

Wenn man ganz einfache Arbeit in der untersten
Etage macht, kann man nicht mehr tief fallen. Man hat
Boden unter den Füßen. Das gibt ein schönes Sicherheits-
gefühl im Leben draußen. Wenn man täglich mit wirklich
harten Leuten aus aller Welt zu tun hat, braucht man
keine Angst zu haben, wenn man nachts einer Gruppe
junger Russen begegnet. Seit ich aus der Firma draußen
bin und nur noch meine normalen Mittelschichtkontakte
pflege, ist es mir viel mulmiger zumute, wenn ich der Unterschicht begegne. Es muss schrecklich sein, wenn man
ganz oben arbeitet und nur mit piekfeinen Supertypen
zusammen ist. Das Leben draußen wird dann bestimmt
zur fürchterlichen Qual, weil man überall nur Hässlich-
keit, Dummheit und Mängel wahrnimmt. Wenn man
ganz einfache Arbeit in einer richtigen Hölle macht,
erscheint einem das Leben draußen zuckersüß und schön
und sauber. Das ist ein echter Vorteil einfacher Arbeit.
Und wenn es sich machen lässt, will ich nächstes Jahr
auch wieder eine solche Arbeit machen. Nur, um mich
sicherer zu fühlen. Es ist ja nicht das Geld, das Sicherheit
verleiht. Das sieht man in der Krise besonders deutlich. Es
ist das Gefühl, sich behaupten zu können, unter Freunden
zu sein, dazuzugehören, zur armen Mehrheit, zu den
einfachen Leuten, zu denen, die täglich ums Überleben
kämpfen. Wenn man arm ist und hart arbeitet, braucht
man kein schlechtes Gewissen zu haben. Es ist das beruhi-
gende Gefühl, zu den Guten zu gehören, zu denen, die das
Rad am Laufen halten und keine Schuld auf sich laden,

die nicht betrügen, die nicht Steuern hinterziehen, die sauber und ehrlich sind.

Im größten Dreck arbeiten die saubersten Typen. Die Leute, mit denen ich in der Firma zu tun hatte, waren nicht die Hellsten, es waren richtige Dummköpfe dabei, aber die Dummen sind auch die Ehrlichsten. Es gehört Intelligenz zum Betrügen. Wer dumm ist, muss ehrlich sein, er kann gar nicht anders. Er kann sich nichts Perfides ausdenken, er kann über dich nicht abartig, pervers und hinterlistig reden oder denken, er haut dich nicht in die Pfanne. Die Leute in der Firma waren allesamt ehrliche Häute. Wenn ihnen etwas nicht passt, brüllen sie es dir ins Gesicht. Wenn sie etwas lustig finden, lachen sie. Wenn sie traurig sind, sieht man es ihnen an. Da verstellt sich keiner. Da wird mit offenen Karten gespielt. Da ist nichts gekünstelt, nichts virtuell. Die Menschen in den einfachen Jobs sind in Ordnung. Sie sind liebenswert. Wer in einem Oberschichtjob kann das von seinen Kollegen behaupten?

Ich habe jetzt, nach fünf Wochen, schon einen gewissen Abstand zu dieser Arbeit. Deswegen beurteile ich die Situation jetzt rosiger als damals. Ich schimpfte zu dieser Zeit sehr viel über die Fabrik und ihre Leute. Aber auch das kann man als Vorteil einer schlimmen Arbeit sehen. Man ist absolut dazu befugt, in hektischen Situationen den eigenen Frust rauszubrüllen. Man darf Menschen beleidigen, Kisten durch die Gegend schmeißen, mit dem Fuß nach harmlosen Dingen treten. Und niemand nimmt es einem krumm. Man kann sich ausleben, man kann die innere Sau rauslassen. Und dadurch findet man zu sich selbst, man lernt sich kennen, seinen Körper, seinen Geist. Vor der Arbeit wusste ich nicht, dass ich ein harter Knochen sein kann. Jetzt weiß ich es. Ich wusste nicht, wie stark ich bin. Jetzt weiß ich es. Und das gibt Selbstbewusstsein. Man muss nicht 50 Euro in der Stunde verdienen, um sich groß zu fühlen. Das geht bei 8 Euro 10 ganz genauso. Vielleicht sogar besser. Wenn man sich nicht verstellen muss, merkt man erst, wie man wirklich ist. Bei 50 Euro Stundenlohn muss man sich meist verstellen, schätze ich. Also bleibt man sich selbst oft ein ungelöstes Rätsel. Die Leute in meiner Schicht brauchen Schlaf, Essen, Trinken und Sex, aber keinen Psychoanalytiker. Weiß Gott nicht. Den würden sie auslachen.

Der Psychoanalytiker selbst könnte bei meinen Leuten noch viel lernen. Er könnte nicht lernen, wie er mehr Geld verdient, sondern wie er mit weniger auskommen kann. Vielleicht wird dieses Wissen in Zukunft für größere Bevölkerungsteile wichtiger. Man kann sich bei den Leuten im Niedriglohnbereich anschauen, wie man mit 1000 Euro im Monat überlebt. Aber das rechne ich nicht mehr zu den Vorteilen. Das ist grauenhaft. Und vieles in der Fabrik war grauenhaft und ist es heute noch. Aber niemals ist alles vollkommen schwarz. Überall leuchten kleine Hoffnungsschimmer.

Boris

Einen Freund habe ich in der Firma gefunden. Er heißt Boris und ist Russe. Er kommt aus Moskau. Er ist sehr höflich, meistens ruhig, manchmal traurig und oft erstaunt über die deutschen Verhältnisse. In Moskau war er bei der Telekom und verdiente 2000 Dollar im Monat. Er dachte, hier verdient er mehr. Na ja, nicht ganz. Nicht, wenn man schlecht Deutsch spricht und nur aus Liebe kommt. Er hat Russland für eine russische Frau verlassen, die hier schon länger lebt und die er vor einigen Jahren geheiratet hat. Sie kann gut Deutsch, sie arbeitet als Maklerin für Immobilien, sie bleibt nicht zu Hause, sie kocht ihm nicht das Essen, sie macht ihm keine Brotzeit. Sie ist eine deutsche Frau geworden: emanzipiert, selbständig und bestimmt nicht auf den Mund gefallen. Aber das fängt auch in Russland an, sagt er. Alles ändert sich. Boris schüttelt den Kopf und schweigt.

Ich war mit ihm zweimal Bier trinken und danach in der Seniorendisco. Es war wunderbar. Die deutschen Frauen waren interessiert an seiner kantigen Erscheinung, seinem ordentlich in die Hose bugsierten, karierten Hemd, seiner Art, klatschend zu tanzen, seinem netten Lächeln, seiner Unverdorbenheit. Er hätte mehr als eine Frau mit nach Hause nehmen können. Niemandem wäre etwas aufgefallen, weil seine eigene Frau auswärts übernachtete. Aber er ist eine treue Seele und hat dieses listige Betrügen noch nicht drauf. Vielleicht lernt er es, wenn er länger in Deutschland ist. Sein Musikgeschmack ist drollig. Dire Straits und Joe Cocker gefallen ihm, dabei ist er jünger als ich. In Russland ist der Pop noch nicht bei Tokio

Hotel angekommen. Boris und die anderen Russen in der Fabrik zeigten mir, dass in Russland die Geschlechter deutlicher unterschieden werden als bei uns. Das Konzept Metrosexualität ist noch unentdeckt. Die russischen Männer sind noch nicht so feminisiert wie die deutschen. Und damit sind sie ganz glücklich, glaube ich.

Die Russen in meiner Firma sind emotionale Typen. Ich half Boris, einen Lebenslauf zu erstellen, dafür wollte er mir ein Bier schenken, nach der Arbeit, er hatte extra eins mitgebracht. Aber ich habe ihn versetzt. Das nahm er mir tagelang übel. Konstantin, ein Kasache, bot mir ständig zu essen und zu trinken an, er gab mir Schnupftabak und wollte mir auch getrockneten Fisch mitbringen. Aber ich lehnte oft ab, weil ich keinen Hunger hatte oder keinen ungesüßten Tee wollte. Doch wenn man mit Russen gut befreundet sein will, darf man das nicht ablehnen. Die fassen das als Beleidigung auf. Warum, weiß ich auch nicht. Es geht wohl um Freundschaft, wie wir sie gar nicht mehr kennen. Bei uns ist Ablehnung normal. Für Russen ist Ablehnung ein Foul.

Boris war ein sehr fleißiger Typ. Er ist mit seinem Motorroller jeden Tag 30 Kilometer zu unserer Fabrik gefahren, auch bei schlechtem Wetter. Das waren zusätzlich zwei Stunden Aufwand für diesen schlechten Lohn. Im November ging es dann nicht mehr, weil es ihn zweimal hingeschmissen hat. Dann kam er immer mit einem Kollegen mit dem Auto. Er fing dann schon um 12 Uhr mittags an und arbeitete bis 21 Uhr statt bis 22 Uhr. Also insgesamt eine Stunde mehr, und das gab ihm den Rest. Am Schluss sah er aus wie ein Soldat im Schlachtfeld mit ganz scharfen Gesichtszügen. Dabei war er relativ dick, als er anfing. Er hat etwa 20 Kilo abgenommen. Leider konnte ich mich von ihm nicht mehr richtig verabschie-

den, weil ich so aufgehört habe, wie dort die meisten aufhören. Ich hatte keine Lust mehr. Das Geld reichte schon,
und ich hätte eh nur noch eine Woche gehabt. Am Tag
nach meinem 38. Geburtstag bin ich, statt in die Schicht
zu gehen, gleich ins Personalbüro, habe meinen Chip und
meinen Spindschlüssel abgegeben und verkündet, dass
ich die letzte Woche unbezahlten Urlaub nehme. Dafür
zogen die Penner mir später 100 Euro vom Lohn ab. Egal.
Die hübsche Sekretärin sagte »Auf Wiedersehen«, und
ich sagte »Tschüss«, und damit war die Sache beendet.
Boris ist jetzt wohl immer noch drin. Vielleicht rufe ich
ihn mal an. Ich war übrigens der erste Deutsche, mit dem
er telefoniert hat.

Einmal sagte er zu mir, ich will hier nicht mehr arbeiten. Das klang so ernst und doch so lustig, weil niemand
dort arbeiten will. Er hatte in diesem Jahr genau eine Bewerbung an ein anderes Unternehmen in seiner Stadt geschickt. Dort wäre er mit seiner Qualifikation viel besser
aufgehoben gewesen. Im November schrieb er die Bewerbung. Als im Februar noch keine Antwort kam, war er
verwundert. Ich sagte, Boris, das ist normal in Deutschland, du musst jeden Tag zwei Bewerbungen schreiben
und froh sein, wenn du überhaupt eine Absage bekommst.
Meistens gibt es gar nichts zurück. Das meinte ich etwas
witzig, aber er schüttelte wieder den Kopf, denn er war
nicht so zynisch wie ich. Dann wurde ich ernster und
sagte ihm, er solle direkt hingehen und sich persönlich
vorstellen, weil die ihn sehen müssten, damit sie wüssten,
dass er ein guter Mann ist. Oder er solle zumindest mal
anrufen. Aber all das traute er sich nicht, weil er meinte,
zu schlecht Deutsch zu sprechen. Ich sagte, lern Deutsch,
Boris, sonst bleibst du hier ewig ein Billigarbeiter, aber er
meinte, dazu habe er keine Zeit und kein Geld. So ein

Deutschkurs dauert sechs Monate und kostet einiges. Und wann soll er den Kurs machen, wenn er 10 Stunden am Tag mit Arbeit, acht Stunden mit Schlafen und drei Stunden mit seiner Frau beschäftigt ist? In Japan ist man schlauer: 12 Prozent aller japanischen Ehepaare sprechen überhaupt nicht mehr miteinander. Das spart wertvolle Zeit, die man beruflich nutzen kann.

Seine Frau spannte ihn voll ein. Im Juni zogen sie in eine andere Wohnung. Da musste er neben der Arbeit noch tapezieren, streichen, Möbel schleppen und Rollladen reparieren. Mann, war der fertig! Kein Wort konnte er mehr sagen. Er war kurz vorm Umfallen, aber er hielt durch. Und lebte von seiner Substanz. Übrigens hatte er den härtesten Job in der ganzen Schicht. Weil er intelligent war und sich gut mit den Maschinen auskannte, durfte er diesen harten Posten jeden Tag erledigen. Wenn er nicht da war, sprang ich für ihn ein, deswegen weiß ich, wie er gelitten hat. Mir grauste vor diesem Posten. Dabei hätte er sich einfach nur blöd stellen müssen. Unwissenheit schafft Freizeit. Aber das ist eben das Problem der guten Leute. Boris war überhaupt kein Arschloch. Er war kein Egoist, kein Schwein, kein Dreckhund. Und all das muss man sein, wenn man in Deutschland Erfolg haben will. Mit Nettigkeit und Hilfsbereitschaft findet man vielleicht Freunde, aber sicher keine gute Stelle. Er ist aus Liebe hierhergekommen, und damit fängt die Krux schon an. Liebe ist ein Gefühl. Gefühle sind aber hinderlich auf dem Weg in den 30-Euro-Job. Wenn es in Deutschland heute wenig Kinder, wenig Ehen und viele Scheidungen gibt, dann ist das eine völlig rationale Reaktion vernunftbegabter Menschen. Man muss ein naiver Held sein und sich täglich prügeln lassen, wenn man einem Gefühl wie der Liebe in unserem Land heute noch nachgibt.

Schnelligkeit

Stress könnte man auch sagen. Hektik. Zack, zack. Mein Gott, was war das für ein Albtraum an Hast und Hochgeschwindigkeit! Das ist das Schwierigste, seit ich wieder draußen bin. Hier, im normalen Leben, geht alles so langsam, wie in Zeitlupe. Ich muss gewaltig entschleunigen, und es ist nicht leicht, nicht mehr überall so zu hetzen. Wir sind wirklich ab und zu gerannt in der Fabrik. Es ging nicht anders. Da gibt es Momente, in denen kann man nicht mehr langsam gehen, weil sonst die Bude zusammenbricht. Das liegt am Personalmangel und daran, dass manche Faulpelze trotzdem immer langsam gehen. Wenn man einen Faulpelz in der Schicht hat, muss man selber mehr tun. Und man kann in derselben Zeit nur dann mehr tun, wenn man schneller arbeitet. Und wenn man echte Faulpelze anschreit, bringt das auch nicht viel. Die sind psychisch oft sehr robust. Und außerdem kann ja auch nicht jeder eine so hohe Geschwindigkeit halten. Manche sind nicht in der Lage, wirklich zügig drei Dinge auf einmal zu erledigen. Das ist eine Frage von Intelligenz und Organisationsfähigkeit. Und die Menschen sind verschieden.

Ich neige auf jeden Fall dazu, mich komplett in der Geschwindigkeit zu verlieren. Mit Technik und Maschinen kenne ich mich nicht aus, aber ich bin ein flotter Arbeiter und begabt darin, chaotische Situationen schnell zu entschärfen. Das nur für den Fall, dass mich vielleicht doch mal jemand in einem richtigen Job brauchen könnte, quasi als Bewerbung. Zum lebenslangen Lernen kommt in unserer Zeit auch noch das lebenslange Bewerben dazu. Wann haben wir eigentlich mal Ruhe? Wo ist die Gemütlichkeit? Das Wort wird es in ein paar Jahren wohl gar nicht mehr geben.

Als ich vor 10 Jahren in einem Würzburger Versandhaus gearbeitet habe, musste man auch schnell sein, aber lange nicht so wie heute. Wo früher drei Menschen gearbeitet haben, steht heute noch ein halber und muss doppelt so viel machen. Das nennt man Produktivitätssteigerung. Die Chefs in der Firma wollen, dass wir immer noch mehr in derselben Zeit leisten. Wenn einer zusammenbricht, schmeißt man ihn raus und holt sich den Nächsten. Wer krank ist, muss ins Büro und erklären, ob er sich in der Firma noch wohlfühlt. Wer die Geschwindigkeit nicht mithält, wird vom Meister angeschnauzt. Dann geh doch gleich ins Altersheim, wurde einer Kroatin empfohlen. Und zu mir meinte einer, dass ich bestimmt bald in Rente gehe, weil ich zu alt bin und zu langsam. Dabei habe ich mich nur darüber aufgeregt, dass es 10 Minuten weniger Pause gab. Ich solle nicht weinen, sagte er. Mehr Leistung ist aus den Leuten in unserer Firma nicht mehr rauszuholen. Wir rasen schon mit Lichtgeschwindigkeit. Um uns noch besser auszubeuten, kann der Chef höchstens die Löhne senken.

Wenn man dauernd Hochleistung bringen muss, helfen Drogen. Fast alle in meiner Schicht rauchen. Viele saufen. Einige Frauen nehmen Tabletten oder irgendwelche komischen Flüssigkeiten, die die Konzentration fördern und ziemlich teuer sind. Für die dauernden Rückenschmerzen gibt es Schmerzmittel. Und wir trinken ständig Kaffee. Der blöde Automat hat oft keine Becher, weil der Meister nicht daran denkt, welche nachzufüllen, oder das elende Ding kaputt ist. Dann sind 50 Cent weg. Und wir werden sehr wütend. Wir treten mit dem Fuß gegen den Automaten, verfluchen die Firma und den Meister, sprechen Todesdrohungen aus und beruhigen uns wieder. Aber zunächst durchsuchen wir den ganzen Pausenraum nach versteckten Bechern. Die können im Müll sein oder hinter der Uhr oder unter einer Deckenplatte, die man hochklappen kann. Oder wir schnappen uns blitzschnell einen halbwegs sauberen Becher, den vorher ein anderer benutzt hat.

Wenn um 19 Uhr 30 Pause ist, haben wir fünfeinhalb Stunden durchgearbeitet, unterbrochen vielleicht von zwei kurzen Zigaretten und einmal Pipi. Um 20 Uhr geht es weiter. Dann sind es noch zwei Stunden. Da sehen wir schon Land. Zwei Stunden schuften ist gar nichts für uns. Ich musste an Fußball denken. Da dauert ein Spiel 90 Minuten. Also zweimal eine Dreiviertelstunde Action. Das kommt mir wenig vor. Die Leute in den Fabriken leisten viel mehr als so ein Fußballer, obwohl der besser bezahlt ist und die hübscheren Frauen kriegt. Die Arbeit in meiner Fabrik ist auch Teamwork, genau wie der Fußball. Aber bei uns gibt es keinen Jubel und kein Publikum. Keiner klatscht, wenn wir irgendwas geschafft haben. Als ich dem Meister stolz den neuen Rekord von 39 Paletten verkündete, sagte er kalt, er will 40. Da geht man dann raus und denkt sich, leck mich am Arsch.

Um 21 Uhr 55 löst uns die Nachtschicht ab. Um 22 Uhr 2 bin ich auf dem Heimweg. Um 22 Uhr 27 komme ich zu Hause an. Ich ziehe mir die stinkenden Turnschuhe und die ekelhaften Socken aus und stelle sie auf die Terrasse. Ich wasche mir die Füße und spüle meinen Mund. Ich kontrolliere die Haare. Dann ziehe ich mich wieder an wie ein Mensch und laufe los. Um 23 Uhr bin ich in der Kneipe. Ich trinke ein Bier. Schnell. Dann gehe ich raus auf die Straße und rauche eine. Noch schneller. Die Prozedur wiederholt sich dreimal. Dann ab nach Hause, schnell schlafen, um 7 wieder raus. Das war meine Freizeit. Und ich bin immer noch wie auf Speed. Die Schnelligkeit hat sich in mich hineingefressen. Alles muss schnell gehen. Wenn einer zu langsam vor mir auf der Straße fährt, bin ich am Durchdrehen. Wenn vor mir einer zu langsam läuft, atme ich tief durch. Wenn eine Ampel Rot zeigt, muss ich mich beherrschen. Ich weiß auch einen Grund, warum ich in dem Jahr so stark abgenommen habe: Ich hatte keine Zeit zum Essen.

Ich liebe meinen Boss

Es war insgesamt keine schlechte Zeit. Ich will niemanden schlechtmachen. Diese Arbeit hat mir viel gebracht. Vor allem Geld. Zwar nicht viel, aber genug. Meine Frau konnte 10 Monate zu Hause bleiben und aufs Kind aufpassen, und wir haben einen billigen Neuwagen gekauft. Es wird immer erwartet, dass man von einer schlechtbezahlten Stressarbeit auch schlecht redet. Ich bin überqualifiziert und hätte das gar nicht nötig. Marko fragte mich, wie viel meine Frau verdient. Warum arbeitest du dann für 8 Euro? Ich sagte, wir bräuchten eben mehr Kohle. Da nickte er nur. Er wusste, so viel wird er nie haben, aber er geht in den Puff und sieht nicht allzu unglücklich aus. Ihm fehlt ein Zahn. Doch da, wo er hingeht, braucht man nicht alle Zähne. Das spielt bei Marko keine Rolle. Er kann sich den Zahn gar nicht leisten. Warum soll er darüber traurig sein?

Ich bekomme dauernd Post von meiner Krankenversicherung. Ich soll mich zusätzlich gegen Zahnausfall versichern. Ich will das gar nicht unbedingt. Ich finde, mit 38 braucht man nicht mehr alle Zähne. Da ist man schon alt. In der Steinzeit wäre man ein Senior, bei uns verlässt man gerade die Pubertät. Reicht das nicht? In Russland sterben die Männer im Schnitt mit 55 Jahren. Das reicht doch. Bei uns werden sie fast 80. Aber sie leben auch nicht wie Männer. Sie schlagen sich nicht, sie machen ihr Bier nicht mit den Zähnen auf, sie trinken keine zwei Flaschen Cognac am Tag, kaum einer raucht. Dafür werden sie uralt. Und machen am Ende noch Sport. Toll. Aber nichts für die Leute aus der Fabrik. Die haben ein anderes Leben. Eine andere Einstellung. Die leben noch richtig, finde ich. Die machen nicht so ein Trara. Die sterben, wenn es so weit ist. Und fertig. Dieses ganze deutsche Mittelschichttheater geht mir auf die Nerven. Rauch nicht! Trink nicht! Iss nicht so viel! Benutz Kondome! Sei leise! Fahr langsam! Geh nur bei Grün! Zahl Steuern! Geh wählen! Lies Zeitung! Sei schön! Schütze deine Zähne! Meine Güte, ist das anstrengend!

Wenn mir alles zu viel wird, gehe ich und schlage mich irgendwo durch. Ich gehe in eine Fabrik, denn das kann ich. Und die Fabriken sind überall auf der Welt gleich. In Bangladesch, in Botswana, in den USA oder in China: Überall werden die Leute mies bezahlt, überall fehlen ihnen Zähne, und trotzdem sind sie glücklich, weil sie drauf pfeifen. Meine Sprachkenntnisse reichen für die ganze Welt, denn man braucht gar keine. Bei uns gab es einen Chinesen, der war seit 10 Jahren in der Firma und konnte nur ein deutsches Wort: egal. Es hat etwas absolut Befreiendes, wenn man in so einer Fabrik durchhält. Dann hat man das Ticket für die weite Welt in der Tasche. Mein Boss hat mir das ermöglicht. Dafür liebe ich ihn.

Ich habe 200 Bewerbungen geschrieben. Schön mit Lebenslauf und einem Bild, auf dem ich versuche zu lächeln, obwohl ich weinen wollte. 200-mal habe ich entweder Absagen bekommen oder man hat meine Papiere in den Müll geschmissen. Jede Bewerbung war ein Stück Herzblut. Jedes Mal habe ich mir ausgemalt, wie schön es sein könnte. Jedes Mal war ich voller Hoffnung. Ich habe mich beim Schreiben der Texte angestrengt. Ich bin zur Post gegangen, habe die Mappe abgegeben und Geld dafür bezahlt. Manchmal habe ich den Umschlag geküsst. Und jetzt bewerbe ich mich nicht mehr per Post. Durch die Arbeit in dieser Fabrik bin ich ein freier Mann geworden. Ich kann jetzt überall leben. Das verdanke ich meinem Boss.

Es war anstrengend, ich war an der Grenze meiner Leistungskraft, manchmal kurz vorm Zusammenbrechen. Aber das hat mich hart gemacht. Ich habe gelernt zu arbeiten. Mich schockt nichts mehr. Alle Arbeiten, die danach kommen, mache ich mit links. Was dich nicht tötet, macht dich härter, sagt Nietzsche. Und man muss heute wirklich sehr hart sein, um nicht unterzugehen. Die Softies, die jetzt ihre Jobs verlieren, werden sich wundern. Das Leben ist kein Freizeitparadies. Es ist ein Kampf. Wer mir jetzt Machogetue vorwirft, hat noch keine Ahnung von der Realität, der lebt noch unter der Käseglocke, schön bei Mama an der Zitze. Ich muss an Rap denken. Da melden sich die Jungs aus den Ghettos. Die wissen, was gespielt wird. Im Ghetto kann man nicht schöngeistig sein. Und alles wird zum Ghetto. Die paar Inseln werden auch noch überspült. Ich bin auf die Krise bestens vorbereitet. Danke, Mann.

Was ist, wenn die Krise keine Krise ist, sondern die neue Zeit? Wir werden wohl alle etwas dünner, weil wir wieder rennen müssen. Aber dafür sind wir Menschen. Wofür haben wir denn unsere Beine, wenn nicht zum Laufen? Wir sind nicht dazu geboren, im Büro vor dem PC zu sitzen. Harte Arbeit ist menschengerecht. Menschengerechte Arbeit fordert den ganzen Menschen und nicht nur seinen Zeigefinger zum Klicken. Ich glaube, die neue Zeit wird den Menschen wieder auf sein Maß zurechtstutzen. Ich lese im *Spiegel*, dass vor allem die Hochqualifizierten ihre Jobs verlieren. Wir werden in Deutschland bald chinesische Verhältnisse haben. Und dann müssen wir arbeiten wie Chinesen. Zwei meiner vier Schichtleiter waren Iraker. Und die haben uns arbeiten lassen wie Iraker. Das heißt zum Beispiel im Sommer, wenn nichts los ist, trotzdem kommen, aber oft wieder heimgeschickt werden. Immer wieder kommen und warten. Du willst heim, stimmt's, ja, du willst heim. Und dann willst du auch heim. Wenn man daheim ist, gibt es kein Geld. Deshalb nehmen die Leute ihre 20 Urlaubstage hauptsächlich, um schlechte Zeiten finanziell zu überstehen.

Mein Boss muss sich am Markt behaupten. Und das schafft er. Ohne ihn wäre ich blöd dagestanden. Mein Boss ist nicht schlechter als andere Bosse, aber auch nicht besser. Die Arbeitgeber geben uns Arbeit. Danke dafür. Und je mieser und härter die Arbeit ist, desto kräftiger werden wir Knechte. Und wenn dann alles zusammenkracht, sind wir stärker als die Herren. Irgendwann besiegt der Knecht den Herren. Denn der Knecht ist durch die harte Arbeit fit geworden, der Herr aber ist schwach und behäbig vor lauter Herrsein. Das glauben Hegel und Marx. Ich glaube das nicht. Denn auch die Herren kämpfen heute ganz gewaltig. Die verlernen überhaupt nichts. Ganz im Gegenteil. Und deswegen liebe ich meinen Boss. Es ist besser so. Und sicherer.

Die Ausstattung

Die Arbeit dort könnte leichter sein, wenn zum Beispiel die Hubwagen funktionieren würden. Mit einem Hubwagen zieht man per Hand Paletten. Die Paletten sind vollbepackt bis 500 Kilo schwer. Mit einem guten Hubwagen ist das kein Problem. Aber wir haben nur wenige gute. Deshalb gibt es den Kampf um die Hubwagen. Keiner will die schlechten. Denn mit den schlechten ist das Ziehen eine Qual. In diesem Kampf muss man sich behaupten. Das ist für einen Neuling nicht so einfach. Man muss rumschreien und mit großer Gewalt auf den Türöffner schlagen. Man muss dem Chinesen den gelben Hubwagen wieder abnehmen und dann feststellen, dass es seiner war. Mein eigener gelber Hubwagen tauchte dann hinten im Kühlhaus auf. Als ich in der Pause weg war, hat ihn einer benutzt und dort stehen lassen. Das war peinlich. Ich gab dem Chinesen ein Fisherment, um ihn milde zu stimmen. Es klappte. Viel später schenkte mir der Chinese mal was zu essen. Das war eine große Ehre. Der Chinese ist sehr fleißig. Die Alten nennen ihn China. Er gibt Anweisungen auf Chinesisch. Er schaut dich an, fuchtelt und deutet mit den Armen und spricht Chinesisch. Ich spreche Deutsch mit ihm. Und wir verstehen uns. Er hat vielleicht noch fünf Zähne. Und mit ihm ist nicht zu spaßen, wenn es um Hubwagen geht. Als Niko lai uns mal in einer brenzligen Situation unseren wegnahm, rannte der Chinese hinterher und verpasste ihm ein paar Faustschläge. Aber nicht ins Gesicht. Es floss kein Blut.

Es gab Situationen, in denen drei Anlagen auf Hochtouren liefen, aber nur zwei Hubwagen da waren. Ich muss etwa alle 12 Minuten eine Palette ins Kühlhaus ziehen. Und das muss auf den Punkt klappen, weil immer weiter produziert wird. Wenn die Palette nicht schleunigst ausgetauscht wird, bekommen wir ein Platzproblem. Aber jedes Mal nahm mir einer von der anderen Anlage den Hubwagen weg, weil er ihn auch brauchte. Er hatte denselben Stress. Ich musste dann immer meinen Hubwagen suchen, ihn wieder an meinen Platz ziehen und dann gleich weiter ins Kühlhaus fahren. Das macht aggressiv. Erst schrie ich den Meister an, dass er einen Hubwagen besorgen soll. Aber daraus wurde nichts. Irgendwann war es mir zu blöd, und ich machte mich schnell selber auf die Suche. Ich fand einen, den mir garantiert keiner wegnimmt, weil er kaum funktioniert. Mit dem zog ich dann unter voller Anstrengung etwa fünf Paletten. Dabei quietschte das Teil wirklich fürchterlich. Jeder sah, wie ich mich anstrengte. Der Meister sah es auch. Und dann bekam ich irgendwie wieder den besseren Wagen. Und behielt ihn auch. Es geht schon irgendwie immer weiter, aber manchmal muss man die Zähne zusammenbeißen und leiden. Man muss zeigen, dass man etwas aushält. Das verschafft Respekt. Und wer respektiert wird, hat auch einen guten Hubwagen.

Ein Problem waren auch die Datumsmaschinen. Das sind diese Dinger, mit denen man ein Preisschild auf die Waren pappt. Die Teile waren oft kaputt. Und man braucht Zeit, um sie zu reparieren. Aber wir haben keine Zeit. Es war dann oft stressig. Man drückt das Teil schnell irgendeinem Typen in die Hand, der vorbeikommt und weniger zu tun hat. Der rennt damit zum Meister. Und irgendwann hat man die reparierte Maschine wieder. In der Zwischenzeit kann man keine Waren auszeichnen. Das muss man dann später zusätzlich machen. Oder es gibt zu wenig Datumsmaschinen. Dann leiht man sich eine aus und gibt sie schnell wieder zurück, während die Waren auf den Boden fallen. Die muss man dann schnell wieder aufheben, weil nichts auf dem Boden liegen darf. Es kann nämlich immer sein, dass der Oberchef in die Halle spaziert. Und wenn dann was auf dem Boden liegt, gibt es gewaltigen Stress, der zur Abmahnung oder zur fristlosen Kündigung führen kann.

Aber vor Kündigungen braucht man nicht zu viel Angst zu haben. Wenn man nicht krank ist und jeden Tag erscheint, ist der Job so gut wie sicher. Dann kann man sogar dem Oberboss widersprechen. Natürlich nicht allzu deutlich. Ich meine, dann kann man auch mal ein kleines Nein sagen. Vor dem Boss zittern alle. Der ist wirklich ein Typ, mit dem man keinen Stress will. Die Kündigung kriegt man meistens, wenn man fast zwei Jahre in der Firma ist. Dann muss der befristete Vertrag in einen unbefristeten umgewandelt werden. Und so einen unbefristeten Arbeiter wird man kaum mehr los. Deswegen kann man zwei Jahre ziemlich sicher dort Geld verdienen. Und man fliegt nach zwei Jahren, auch wenn man sehr gut arbeitet. Aber das macht nichts, denn länger als zwei Jahre sollte man da drin sowieso nicht bleiben. Da ist es besser, einen anderen schlechten Job zu machen oder vielleicht mal ein bisschen auszuspannen. Man kriegt sonst bleibende Schäden und weiß gar nicht mehr, dass das Leben auch schön sein kann. Man vergisst die Welt draußen und wird zum absoluten Arbeitstier. Und man verarmt natürlich. Diese Arbeit macht arm. Und armselig ist in dieser Fabrik auch das Entscheidendste:

Das Mieseste an der ganzen Arbeit waren die eigentlichen Produktionsmaschinen. Die sind zwar bestimmt teuer in der Anschaffung und leisten insgesamt gesehen wirklich eine Riesenmenge. Aber trotzdem können sie einen in die Verzweiflung treiben, weil sie ständig kaputt sind. Ich kenne Arbeit in anderen Fabriken. Da gab es auch ab und zu mal eine Störung. Aber in dieser Fabrik waren Störungen der Normalfall. Ich glaube, ich habe in diesem ganzen Jahr keine einzige volle Stunde ohne Störung erlebt. Permanent muss man irgendwas reparieren, Knöpfe drücken, rausräumen, saubermachen, wieder in Gang setzen. Das war an allen Anlagen so, nicht nur an unserer. Und dieses ständige Gestörtwerden war das Höllischste an diesem Job. Das war absolut nervtötend. Und diese kaputten Maschinen sind auch der Grund dafür, dass keiner in der Fabrik arbeiten will und jeder sofort den Job wechselt, wenn sich etwas Besseres bietet.

Diese Maschinen laufen 24 Stunden am Tag, sieben Tage die Woche. Da ist es schon klar, dass sie dauernd kaputt sind. Und in einer Firma mit so schlechten Maschinen will natürlich auch kein guter Betriebsmechaniker arbeiten. Unsere Mechaniker waren also nicht gerade die Crème de la Crème des Mechanikeruniversums. Wenn nun so eine Maschine kaputt ist, bleibt nicht alles stehen, dann ist es nicht still in der Halle, dann kann man nicht in aller Ruhe den Wagen wieder flottmachen. Bei einer Störung kommen die Produkte weiterhin zu Tausenden in die Halle und müssen verarbeitet werden. Aber eben nicht von der Maschine, denn die ist ja kaputt. Wir, die Billigarbeiter aus aller Welt, müssen dann die Produkte mit unseren Händen verarbeiten. Hannelore ist taubstumm und arbeitet seit 13 Jahren in der Fabrik. Ihre Finger sind ganz krumm vom Arbeiten. Sie hat aufgeschwollene Knöchel. Sie ist krank geworden durch diese Arbeit.

Weil dauernd die Maschinen kaputt sind, ist Hannelore heute auch kaputt. Aber das stört keinen. Hauptsache, die Leute kriegen ihre Produkte billig beim Discounter.

Als Deutscher ziemlich einsam

Es gab in meiner Schicht etwa 32 Mitarbeiter. Davon waren fünf aus Deutschland. Das heißt, nur fünf hatten Deutsch als Muttersprache. Alle anderen sprachen, wenn überhaupt, nur sehr schlecht Deutsch. Man fühlt sich daher ziemlich einsam als Deutscher unter so vielen Ausländern. Aber man lernt sich auch kennen. Man spürt plötzlich die Besonderheiten des Deutschseins. Zum Beispiel dieser Ordnungsfanatismus, dieses Verlangen nach klaren Strukturen, dieser Sauberkeitswahn – all das ist deutsch. Und diese schroffe Art der Deutschen fällt einem auch auf. Deutsch spricht man nicht, Deutsch bellt man. Die Sprache erschreckt alle Anderssprachigen. Auf Deutsch hört sich alles nach Befehl und Kasernenhof an. Deutsche sind nicht lieb oder herzlich oder zart. Andere Nationen bringen viel mehr Gefühl in den menschlichen Umgang. Der Deutsche hat immer etwas von einem Trampeltier. Er wirkt nie elegant oder geschmeidig. Aber letztlich sind das Erfahrungen, die man als Deutscher auch im Ausland machen kann. Dazu muss man nicht extra in einer deutschen Firma arbeiten.

Es ist aber schon phantastisch, wenn die Einheimischenquote in einer Fabrik dermaßen niedrig ist. Wo sind die ganzen Deutschen?, fragt man sich. Es gibt doch so viele arbeitslose Deutsche. Warum fangen die nicht bei uns an? Sie würden auf jeden Fall eine Chance bekommen. Und sie müssen eigentlich nur durchhalten. Rausgeschmissen würden sie nicht, wenn sie ihre Arbeit tun. Es scheint, sie haben keine Lust auf diese Arbeit. Ein Deutscher hat mit mir zusammen angefangen. Aber der war schon nach fünf Tagen wieder weg. Am Schluss hat er rumgeschrien: Leckt mich am Arsch, ich hau ab, ich komme nie wieder in diese Scheißfabrik. Dabei war er vorher so schön ordentlich bei der Brotzeit gesessen. Aus seinem Plastikgeschirr hat er gut gegessen. Er war ein richtiger Brotzeitexperte. Das sah schon sehr professionell aus, wie er da seine Mahlzeit zelebriert hat.

Es gibt unter den Deutschen in dieser Fabrik ausländerfeindliche Tendenzen. Einer kommt immer mit einem *Böhse-Onkelz*-Shirt. Ein anderer war oft richtig sauer und schimpfte: Die gehören alle so geschlagen! Meine Fresse, jetzt sagen die Kanaken auch schon: zack, zack! Das war mutig. Die Taubstumme hat angeblich mal einen Zettel ins Chefbüro gebracht, auf dem stand: Scheißausländer. Eine andere wählt die Republikaner, sagte sie mir. Ein Weiterer begrüßte mich immer mit dem Wort Nazi. Als ich sagte, ich sei kein Nazi, fragte er: Schwul oder was? Das Übliche eben. Aber auch die Ausländer sind sich untereinander nicht grün. Die Iraker halten fest zusammen. Ein Tscheche sagte mir, die wollen in der Firma die Macht übernehmen. Der russische Teigmischer fühlt sich von den Irakern sabotiert. Aber ich glaube, er sabotiert sich mit seinem Wodka selbst. Der Chinese stritt mit dem Burmesen und erklärte ihm: Freedom is crazy. Außerdem solle der Burmese nicht so viel quatschen. Aber am Schluss verstanden sie sich ganz gut. Eine Kroatin schimpfte mal über die »Scheißrussen«. Da bekam sie eins auf die Nase. Die Russen teilten sich ein in echte Russen und Kasachen, Tadschiken, Weißrussen und Kaukasier. Wir sind eine Multikultifirma. Das macht das Arbeiten auf Dauer ziemlich schwierig.

Aber es ist gut, wenn etwas schwierig ist. Dann lernt man dazu. Man lernt Multikulti. Man lernt die Zukunft.

Zum Beispiel kann man die Leute schon beschimpfen. Das lässt sich bei diesem Stress gar nicht vermeiden. Aber man muss bei aller Entrüstung darauf achten, dass man nicht die Nationalität des anderen angreift. Sonst gibt es Probleme. Und deshalb kommt es auch nur selten vor. Man lernt, sich mit Gesten zu verständigen. Man lernt den Humor und die Eigenart der anderen Nationalitäten kennen. Aus Vorurteilen werden echte Urteile: Türken sind schon so eingedeutscht, dass sie glatt als Landsleute durchgehen. Asiaten sind durch die Bank unglaublich fleißig, sehr diszipliniert und ein echter Konkurrent für die USA und Europa. Ich überlege mir ernsthaft, ob ich Chinesisch lerne. Russische Männer sind manchmal ein wenig faul. Russische Frauen sind selbstbewusst, können gut arbeiten und hängen immer in Gruppen zusammen. Iraker sind sehr freundlich im Umgang miteinander, fast schon zärtlich. Sie parfümieren sich stark ein und achten auf modische Kleidung. Frauen mit Kopftuch sind intelligent und ziemlich heiß. Thailänderinnen haben einen lockeren Umgang mit der Sexualität. Leute vom Balkan denken in traditionellen Rollenbildern. Solche Urteile haben sich bei mir durch die Arbeit gebildet. In Zukunft kann ich darauf aufbauen. Diese Urteile werde ich bestimmt noch brauchen, weil die Globalisierung, trotz Krise, wohl weitergehen wird.

Der Boss lief angeblich mal durch die Firma und schrie: Scheißausländer, ich schmeiß euch alle raus. Aber das meinte er nicht so. Dann könnte er den Laden zumachen. Die Deutschen würden nicht zu seinen Bedingungen arbeiten. Ich bin sicher, der ganze Discounterkram wird von Ausländern produziert. Nur Ausländer können mit so wenig Lohn auskommen. Nur Ausländer lassen sich dermaßen durch die Gegend peitschen. Die Deutschen haben viel zu hohe Ansprüche an ihren Arbeitsplatz. Wenn die hören, dass sie sechs Tage arbeiten müssen und dann auch noch am Wochenende, ist es eigentlich schon vorbei. Es gibt ein paar Ausnahmen, auch in dieser Firma. Aber in der Regel wird kaum ein Deutscher solche Zustände auf Dauer akzeptieren. Was das für Deutschlands Zukunft heißt, weiß ich nicht. Ich kann mir nicht vorstellen, dass die Ansprüche der Deutschen erfüllt werden, aber ich kann mir auch nicht vorstellen, dass die Deutschen ihre Ansprüche zurückschrauben werden. Es wird wohl weiter gegrummelt und gejammert und hinter vorgehaltener Hand geschimpft. Das Klima der Weinerlichkeit wird anhalten. Die guten Deutschen werden ihr Glück im Ausland suchen. Der zurückgebliebene Rest klammert sich ängstlich an die Vergangenheit und lässt sich so lange von der Politik den Bauch pinseln, bis die Chinesen kommen. Und dann geht die Post ab.

Rosi

Ein Buch über diese Arbeit ist unvollständig, wenn nichts über Rosi drinsteht. Ich habe lange genug gewartet. Jetzt muss ich sie ins Spiel bringen. Das ist mir unangenehm, denn ich habe nicht das allerbeste Bild von ihr. Sie ist deutsch, sie kann lesen, sie kommt aus dem Osten, sie ist eine Frau, und wir standen uns nahe. Das sind mehrere Gründe, über Rosi lieber nichts zu sagen. Doch wir leben im Zeitalter der Kompromisse. Also werde ich nicht schweigen wie ein Fisch, aber auch nicht die ganze Wahrheit schreiben. Das sollte man sowieso nie tun, denn der Leser möchte selber denken. Für ein bisschen Ruhm sollte man weder seine Großmutter verkaufen noch alles ausplaudern, was man weiß. Das wäre niederträchtig und verbissen. Damit hat man keinen Erfolg. Man muss nicht den ganzen Ochsen servieren, ein paar kleine Appetithappen genügen.

Wir begeben uns nochmal in die Firma. Wir wollen da nicht hin, aber es muss ein. Wir werden vom Schichtleiter am ersten Tag vom Büro abgeholt. Er bringt uns in ein Kabuff. Dort sollen wir unsere Jacken ablegen. Dann laufen wir durch die Hallen. Wir riechen warmes Brot und Kuchen. Wir sehen viele Leute hektisch durch die Gegend laufen. Sie schieben Wagen, auf denen dampft Frischgebackenes. Man möchte gleich zugreifen, doch das kommt erst später. Jetzt sind wir in unserer Halle. Dort werde ich ein Jahr lang schuften. Der Schichtleiter bringt mich zu einem dicken deutschen Jungen mit Sprachfehler. Der soll mich einweisen. Ich verstehe ihn schlecht. Aber er sagt nicht viel. Das muss er auch nicht. Meistens genügen fünf

Worte, eher weniger. »Die Dinger da rein, zumachen, nur drei, das da hin, schneller, immer fünf, da hinten, so…« Das sind Originaleinweisungssätze. Dazu gehört immer eine Szene, in der man das Gegebene sieht. Deshalb kann man auch mit drei Worten schon etwas anfangen. Es sollte auch so sein. Denn viele sprechen gar kein Deutsch. Zur Not reichen Gesten. Eine arbeitet bei uns, die kann gar nicht sprechen, weil sie taubstumm ist. Das geht auch. Der dicke Junge mit Käppi und Brille sagt mir ein paar Sachen, zeigt mir ein paar Sachen, dann schickt er mich an einen Ort und geht rauchen.

Dieser Ort ist das Ende der Maschine. Dort fallen die eisgekühlten Dinger raus, die nicht in die Schachteln gepackt werden. Dort kommt der Rest an. Ich stehe gemütlich rum, packe in aller Ruhe zwei, drei Teile ein und denke, das ist einfach. Man soll 50 Stück in eine Tüte tun, dann verschließt man diese Tüte und legt sie in eine grüne Kiste, die auf einer Palette steht. In jede Kiste kommen drei Tüten. Auf jede Palette kommen 16 grüne Kisten. Das kann ich, denke ich und bin etwa zwei Minuten zufrieden. Dann kommt die erste Störung. Die Verpackungsmaschine funktioniert nicht. An der arbeitet Rosi. Das wusste ich zu dem Zeitpunkt noch nicht. Auf jeden Fall kommen plötzlich sehr, sehr viele eisgekühlte Dinger auf mich zu. Ein riesiger Strom. Meine Augen weiten sich. Ich kann nicht glauben, was ich sehe. Aber es bleibt keine Zeit für philosophisches Staunen. Ich muss einpacken wie ein Weltmeister. Dann kommt eine Frau und hilft mir. Dann kommt noch eine Frau, eine hübsche sogar, die hilft mir auch. Die eine sagt: »Tüten zumachen.« Dann mache ich die Tüten zu. Aber es ist immer noch Stress pur. Dann funktioniert die Verpackungsmaschine wieder, und die beiden Feen fliegen davon. Ich darf alleine weiterpacken.

Aber es sind jetzt auch weniger Dinger. Bis zur nächsten Störung. Die kommt in drei Minuten. Dann wieder eine. Langsam wird es richtig problematisch. Die Dinger fallen auf den Boden. Alles quillt über. Wir kommen nicht nach. Aber der Strom fließt weiter. Es kommen immer wieder Störungen. Man arbeitet, doch es ist keine Arbeit mehr, sondern eher ein Wettkampf, ein Marathonlauf. Es ist Extremsport: extrem anstrengend und extrem schlecht bezahlt.

An diesem Ort der Hölle stand ich oft. Mutterseelenallein mit Tausenden tiefgefrorenen Teilen. 50 sollen es sein. Dann nimmt man immer fünf und zählt bis 10. Oft kann man nicht mehr genau 50 machen. Dann nimmt man zwei Hände voll und zählt bis fünf. Man muss irre schnell sein. Und es nimmt kein Ende. Immer weiter und weiter. Man möchte tot umfallen, doch dazu ist keine Zeit. Dann fehlt eine neue Palette, weil Thomas nicht mitdenkt. Also holt man sich selbst eine. Rennend. Man rennt mit dem schweren Holzteil zurück, und alles läuft über. Man muss noch schneller sein. Man hasst in diesen Momenten das Leben, die Firma, sich selbst, die Produkte, aber auch dafür ist keine Zeit. Substanzverzehrende Überanstrengung. Bis man vielleicht nach drei Stunden abgelöst wird. Für drei Minuten. Da taumelt man in den Pausenraum, zieht sich einen Kaffee, raucht, sitzt und summt. Man muss pinkeln, aber das geht nicht, denn Toilette und Pausenraum sind getrennt. In einer Pause von drei Minuten muss man sich entscheiden: Wasser lassen oder rauchen. Die Experten wissen, dass man auch auf dem Klo rauchen kann, aber da gibt es keinen Kaffee, und den braucht man. Dann wieder raus. Handschuhe an. Weiter. Fünf Stunden bis zur großen Pause und dann noch fünf halbe Stunden bis zum Feierabend. Mir wird schlecht, wenn ich jetzt daran denke. Es war ein völlig anderes Leben, das ich da führte. Jetzt kommt es mir schlimm vor. Damals kam es mir auch schlimm vor. Aber damals habe ich es tatsächlich gemacht. Und ich war stolz darauf. Jetzt schreibe ich nur darüber. Das ist etwas anderes. Das macht nicht so stolz, obwohl es in meinem Umfeld besser ankommt.

Und dann gab es ja noch Rosi. Deswegen war es nur halb so schlimm. Denn Rosi wusste Bescheid. Es ist vielleicht unglaubwürdig, wenn ich sage, dass Rosi einfach alles wusste. Aber so ist es. Kein einziges Thema, auf das sie keinen Reim wusste. Rosi war allwissend. Und es war schön, so einer Person mal live zu begegnen. Das kommt ja nicht oft vor. Heimlich nannte ich sie Frau Naseweis oder Frau Siebengescheit. Manchmal auch Frau Neunmalklug. Schweinchen Schlau nannte ich sie nicht, denn sie hatte gar nichts Schweinisches an sich. Sie war irgendwie eine Lady, eine Dame, ein resolutes Persönchen, aber gar nicht banal oder gemein. Rosi trug immer ein Halstuch. Das war oft lila. Solche Teile waren in den 80ern modern. Da hatte ich auch eins. Und natürlich hatte sie eine Brille. Sie war gertenschlank. Haut und Knochen eigentlich. Blasser Teint. Das Gesicht eines jungen Mädchens, dabei war sie schon über 40. Rosi war interessant und intelligent. Für einen Schriftsteller war sie ein gutes Studienobjekt. Noch dazu schrieb sie selbst. Über Blumen, Feen und Fließbänder. Eine Kombination aus Märchen und Moderne. Sie hat sogar schon was veröffentlicht. Wir sind praktisch immer noch Kollegen. Und sie konnte quatschen wie ein Wasserfall. Sie sprach diesen Berliner Dialekt. Das ging ab, dass man es sich nicht vorstellen kann. Sie redete und redete wie ein Radio beim Zahnarzt. Meistens machte es Spaß, zuzuhören und mitzuquatschen, manchmal war es fürchterlich. In den ersten Monaten arbeitete ich fast immer mit Rosi an denselben Maschinen. Wir waren viel zusammen. Auch in den Pausen unterhielten wir uns weiter. Und rauchten. Meistens rauchte sie meine Zigaretten und trank Kaffee aus meinem Geldbeutel, weil sie auch eine nervende Schnorrerin war. Kurz und gut: Rosi zog so viel Aufmerksamkeit auf sich, dass ich den eigentlichen Stress vergessen konnte. Vielleicht verdanke ich nur ihr allein, dass ich es da drinnen überhaupt so lange ausgehalten habe.

Rosi war die Achse, um die sich das Schichtkollektiv drehte. Sie war so gesprächig wie niemand sonst in der Firma. Deshalb kannte sie jeden und wusste alles. Sie nahm absolut kein Blatt vor den Mund. Ihr Lachen war laut und scheppernd. Sie lachte fast die ganze Zeit. Für dieses Lachen hat man sie früher mal wo rausgeschmissen. Rosi war so eine DDR-Überzeugte. Sie sei ganz unpolitisch, sagte sie immer. Aber das sagen ja viele. Sie war nicht irgendwie im Machtapparat. Aber es hat ihr drüben gefallen. Alles war ordentlich, es gab keine Verrückten auf der Straße, keine Fixer, keine Penner. Was man an Diktaturen eben so gut findet. In der Firma fand sie es auch richtig schön. Dieses rauhe, harte Arbeitsklima lag ihr. Sie brüllte gerne rum, gab Anweisungen, war sogar Maschinenführerin. Sie war so eine Art Vorarbeiterin. Zumindest tat sie so, obwohl sie denselben Lohn bekam wie wir. Ihr war alles ganz wichtig. Das Wort »egal« verwendete sie nicht oft. Alles musste ganz genau gehen. Und sie achtete peinlich auf Gerechtigkeit. Später merkte ich, dass sie immer nur den eigenen Vorteil suchte und das als gerecht verkaufte. Ihr Rücken tat weh, deswegen war es gerecht, dass ich die Dinger einpacke und sie die Tüten zumacht. Sie kann nicht auf der rechten Seite packen, das ist ihr zu anstrengend, deswegen ist es gerecht, dass die taubstumme Hannelore mit den Rheumafingern rechts arbeitet. Sie kann mir leider nicht beim Verpacken des anschwellenden Riesengebirges helfen, weil sie jetzt gerechterweise erst in aller Ruhe Pipi macht und dann etwa 10 Minuten raucht. Eigentlich war sie ziemlich faul, aber nach außen hin tat sie so, als sei sie eine wirkliche Heldin der Arbeit. Sie gab sich übereifrig und hochengagiert, aber in Wahrheit war sie das genaue Gegenteil. Aber das wusste sie, glaube ich, selber nicht. Ich sagte es ihr aber oft genug. Zu ihr war ich ab und zu wirklich sehr fies. Dafür sagte sie mir, meine Texte seien wie von einem Rottweiler. Wir halfen uns gegenseitig. Und sind beide aufgestiegen. Sie in der Firma, ich draußen.

Wenn man stundenlang an derselben Stelle immer dasselbe macht, kann man in eine Art Trance fallen. Mir passiert das oft. Dann mache ich die Arbeit mit dem vegetativen Nervensystem und beginne zu denken. Das ist wie Meditation. Ich sehe immer Rosi von hinten, wie sie die Dinger packt, ich höre sie reden und Fragen stellen, aber ich antworte nicht, sondern träume mit offenen Augen in voller Bewegung. Dann wird sie laut. Ob ich nicht konzentriert bin, ob ich zu Hause bin. Ich sage, nein, ich bin woanders, der Mist hier interessiert mich gar nicht. Immer wenn sie redet, packt sie zu wenig Dinger, wenn sie zuhört, packt sie zu viel. Dafür wurde sie mal abgemahnt, aber sie kann es nicht besser. Wegen Unfähigkeit kann man komischerweise kaum gekündigt werden. Nein, sie war schon eine gute Arbeiterin, besser als die meisten, auf jeden Fall blitzschnell und dann auch noch engagiert. Eine Traumkombination. Mehr kann man nicht verlangen. In diesen Trancezuständen überhöhte ich Rosi. Ich sah in ihr ein Symbol der DDR, ich sah in ihr eine Vertreterin dieses anderen Systems. An ihren Fehlern meinte ich viel größere Fehler zu erkennen. Aber da war ich wohl nicht ganz bei Trost. Und wen interessieren schon die Fehler untergegangener Weltreiche? Einmal war ich so meschugge, dass ich in Boris den Russen sah, der den Krieg gewonnen hat, und in mir den besiegten Deutschen. Dann verglich ich. Was waren die Fehler? Warum hat er gewonnen? Ich kam dabei auf Antworten, die ich aber schon wieder vergessen habe.

Wenn wir uns bei vollem Stress gegenseitig Befehle und Kurzdiagnosen zugerufen haben, war das wie in meiner Kindheit, als wir Pirat spielten. Man fühlt sich wieder jung. Früher brüllte ich: »Angriff, setzt die Segel, an die Kanonen«, auf der Arbeit brüllte ich: »Wir brauchen Paletten, den grünen Knopf, Mann, fahr sie einfach rein, ist egal, schnell.« Das sagte ich mal zu Rosi. Ich konnte ihr auf Deutsch komplizierte Sachverhalte schildern und bekam eine Antwort. Das war das Allerschönste an ihr. Sie sprach Deutsch und war klug. Oft habe ich sie vermisst. Wenn sie nicht da war, konnte ich immer nur sehr einfache Sätze sprechen und musste froh sein, wenn mich einer verstand.

Rosi trug zwar immer die hässliche Firmenkluft, aber trotzdem war sie darin ganz hübsch. Die meisten anderen Frauen erschienen in Jeans und Schminke, mit Ohrringen, Nasenringen, Ketten und Parfüm, aber Rosi war anders. Sie war Deutsche, und Deutsche geben nicht viel auf das Äußere. Sie hatte also diese komische schwarz-weiß karierte Bäckerhose an, den Pullover in Guantanamo-Orange, die klobigen weißen Sicherheitsschuhe und das Haarnetz auf dem Kopf. Wir mussten diese Sachen selber kaufen. Doch die Leute ließen sich nicht dazu zwingen, sie auch zu tragen. Nur manche liefen in voller Montur herum. Die meisten kleideten sich individuell. Überhaupt waren viele sehr widerborstig. Die Firmenleitung konnte zum Beispiel kein Kopfhörerverbot durchsetzen. Die Leute brachten immer wieder welche mit. Auch das Handyverbot wurde ignoriert. Und das Verbot, Kaffeebecher mit in die Halle zu nehmen, scherte fast niemanden. Wir waren da nicht kleinzukriegen. Rosi schon. Die hielt sich an die Gesetze. Die hatte wirklich Angst um ihren Arbeitsplatz. Dabei hätte sie einen viel besseren bekommen können.

Einen besseren Mann hätte sie auch haben können. Marko mochte Rosi. Er fragte mich mal, wie sie heißt. Ich sagte ihren Namen. Er fragte nochmal. Für ihn war das Wort schwer auszusprechen: Rooo Siiii. So viele Vokale sind nicht leicht für einen Menschen vom Balkan. Bei ihr wurde der tolle Marko schüchtern. Er fragte sie: »Wie geht's?« Sie sagte in ihrer schönsten Melodie: »Gut. Dir auch?« Das hätte etwas werden können. Aber die beiden kamen nicht zusammen. Sie wusste nichts von seinem Interesse, und er hatte zu viel Respekt. Schließlich war sie eine Deutsche. Die schlimmsten Grenzen sind die in unseren Köpfen. Er hätte sie wirklich nur ansprechen müssen. Sie wäre bestimmt mitgegangen, denn ihren Lebensgefährten hat sie dann sowieso verlassen. Da war sie wieder Single. Eigentlich nicht Single, sondern alleinerziehend. Wie die meiste Zeit ihres Lebens.

Rosi klagte immer über Geldmangel. Sie sei so furchtbar arm. Nicht mal eine Fahrt nach Hause könne sie sich leisten. Ich kam aber im Lauf der Zeit dahinter, dass sie sich mit Finanzen nicht gut auskannte. Irgendwann sagte ich zu ihr: Rosi, du bist überhaupt nicht arm. Dann rechnete ich ihr vor: Du verdienst 1200. Dein Lebensgefährte kriegt 1800. Und dein Sohn, der bei euch wohnt, hat 1500 im Monat. Das ist ein Haushaltsnettoeinkommen von 4500 Euro. Und arm kann man so was nicht nennen. Überhaupt nicht. Aber Rosi widersprach heftig. Sie hätten getrennte Kassen. Jeder kommt für sich selbst auf, und jeder haut sein Geld bis zum letzten Cent auf den Kopf. Da war ich baff. Ich sagte, dass sie doch alle aus dem Kommunismus kommen. Wie kann es sein, dass sie diesen Kommunismus nicht mal in der eigenen Familie pflegen? Auf jeden Fall war Rosi bitterarm und brauchte immer 50 Cent für einen Kaffee, oder sie vergaß ihre Zigaretten und musste den ganzen Tag schnorren. Wir waren dann gar nicht so traurig, als sie schließlich aufstieg und nicht mehr bei uns mitmachte. Sie trägt jetzt einen weißen Kittel und geistert durch die Firma. Ob sie viel mehr verdient, weiß ich nicht. Es ist aber ganz egal. Rosi wird immer arm sein. Auch mit dem achtfachen Gehalt.

An Rosis Beispiel wird deutlich, was es heißt, vom Geld nichts zu verstehen. Und das scheint mir weit verbreitet zu sein. Mir sind schon jede Menge Leute begegnet, die keinen blassen Schimmer von Zahlen und Preisen haben. Die nicht wissen, wie man Schulden tilgt oder wie viel ein Kubikliter Wasser kostet. Die meinen, sie werden reich, wenn sie am Sonntag ihre Wäsche waschen. Mir sagte mal einer, eine Dachrinnenheizung kostet am Tag 15 Euro Strom. Es ist von besonderer Dringlichkeit, dass man die finanzielle Allgemeinbildung der Deutschen auf breiter Front anhebt. Vielleicht könnte man in der Schule ein bisschen unwichtigen Kram entrümpeln und Platz schaffen für das neue Fach »Finanzen«. Man muss sich nicht gleich Wallstreetgenies züchten, aber es wäre schon gut, wenn mehr Leute als heute eins plus eins zusammenrechnen könnten. Wir hätten in Deutschland viel weniger Probleme, wenn die Leute zählen könnten. Rechnen ist genauso wichtig wie Lesen und Schreiben. Unsere Analphabetenrate ist gering. Das ist gut. Wir sollten auch eine Art Schlechtrechnerrate einführen und stark darauf achten, dass die genauso gering ist.

Rosi hatte ein großes Problem, das sie mir oft auseinandersetzte. Wohin mit ihren über 400 DVDs? Sie war Sammlerin. Sie sammelte Filme. Star Trek und Flash Gordon, solche Sachen. Sie nahm jeden Tag welche auf. Die schaute sie sich dann nach der Schicht von 11 bis 3 Uhr morgens an. Das machte ihr Spaß. Und diese ganzen DVDs lagen jetzt in der Wohnung rum und hatten keinen Platz. Sie brauchte also ein Regal. Und über dieses elende Regal redete sie stundenlang. Ich sagte ihr bestimmt zehnmal, dass mich ihr Regal nicht interessiere und ihre DVDs auch nicht. Aber sie hörte mich nicht und sprach weiter. Rosi, ich habe drei DVDs zu Hause, und davon habe ich erst eine ganz angeschaut. Egal, bla bla bla, immer weiter mit dem Regal. Manchmal war der Job eine Hölle aus unerwünschten Worten.

Rosi hatte etwas Außergewöhnliches an sich: Sie war ehrgeizig. Diese Eigenschaft war in meiner Schicht sonst fast nicht vorhanden. Außer beim dritten Schichtleiter. Der war es auch. Rosi wollte mehr, sie gab sich mit ihrem Schicksal nicht zufrieden, sie hatte sich noch nicht abgeschrieben. Deshalb quatschte sie so viel. Oft war Gemecker dabei, oft Angeberei. Und das sind ja die Anzeichen dafür, dass hier einer aufsteigen will. Ich bemerkte das und bestärkte sie in ihrem Vorhaben. Sie sagte einmal: Ich habe keine Lust mehr, ich will nach Hause. Ich antwortete: Dann geh doch, du bist ein freier Mensch. Solche Sprüche stachelten sie auf. Irgendwann ist sie runter ins Personalbüro und hat ihre sämtlichen Qualifikationen auf den Tisch gelegt. Das kam gut an, und schon wurde sie ein Weißkittel. Ich freute mich für sie. Mit Aufstieg meinte ich zwar etwas anderes, aber immerhin ist das ein Anfang. Wenn ein Mensch innerlich noch ein bisschen glüht, kann man ein Feuer in ihm entfachen. Rosi war so eine Figur. Die lebte noch. Aber die meisten da drin waren irgendwie erloschen. Da glühte gar nichts mehr, nicht mal auf Sparflamme. Von Ehrgeiz keine Spur. Nichts, was man anfachen könnte, kein Hebel zum Umlegen. Es war viel Hoffnungslosigkeit in dieser Firma.

Rosi war noch entflammbar, und das machte sie mir sympathisch.

Liebe in der Firma

Man geht fast jeden Tag in diese Halle und arbeitet immer mit denselben Leuten. Es geht zwar zu wie im Taubenschlag, trotzdem bleibt genug Zeit, um Gefühle zu entwickeln. Es gab feste Liebesstrukturen. Man wusste, wer auf wen steht und wer wen nicht mag. Es gab mehrere Ehepaare in meiner Schicht. Insgesamt vier. Die arbeiteten immer zu denselben Zeiten. Mann und Frau, vereint sogar beim Brotverdienen. Für mich wäre das überhaupt nichts, aber unsere Pärchen schienen ganz zufrieden. Sergej war die Ausnahme. Er hatte Probleme, aber die hätte er womöglich auch ohne seine Gattin in der gleichen Schicht. Igor, der Teigmischer, hatte auch immer seine Ehefrau dabei. Mit der sprach er die ganze Zeit. Das wurde ihm vorgeworfen. Man sagte, er sei nicht konzentriert genug, weil sie ihn ablenke. Aber das kann auch am Saufen liegen. Er war ein wilder Kerl. Da passte dieses Händchenhalten schlecht ins Bild. Ich finde, einer Beziehung tun tägliche Trennungen gut. Deswegen will ich auch nicht für immer Schriftsteller bleiben. Dann hatten wir ein Ehepaar aus Polen. Junge Leute. Man kann sich mit den Frauen kaum unterhalten, ohne als Rivale zu erscheinen. Deswegen stehen die Ehefrauen in der Firma sehr isoliert da und die Ehemänner auch. Eheleute können sich schlechter in die Gemeinschaft integrieren, weil sie dazu nicht frei genug sind. Außerdem bringen sie ihre Probleme mit in den Betrieb. Sie können sich nicht alleine und eigenständig fühlen und schon gar nicht mit anderen Leute anbandeln. Dabei war das ein weit verbreitetes Spiel in dieser Firma.

Die unangefochtene Prinzessin bei uns war die schöne Thailänderin Kairi. Sie war 30 Jahre alt, seit 10 Jahren in der Firma und wirklich ausnehmend hübsch. Dazu noch eine sehr gute Arbeiterin und vom Typ her schwer in Ordnung. Natürlich waren alle Männer in sie verknallt. Sie wurde ständig angemacht, denn sie war obendrein Single, kinderlos und auf der Suche nach einem neuen Partner. Aber sie hatte hohe Ansprüche, eben wie eine richtige Prinzessin. Ich bekam davon viel mit, weil ich oft mit ihr zusammenarbeitete. Der Mann ihrer Träume sollte groß sein, möglichst reich, nicht zu weich, er sollte feiern können und Bier trinken, aber nicht immer, und man müsste mit ihm lachen können. Sie wolle nicht unbedingt Kinder, aber wenn er welche wolle, dann schon. Außerdem sollte er nicht so bescheuert sein wie die vielen Verehrer aus der Schicht, und sehr gut wäre ein deutscher Pass. Ich empfand mich als Idealbesetzung, und der Duft ihres betörenden Parfüms versüßte mir gelegentlich den grauen Firmenalltag. Sie gefiel mir, doch ich bin schon vergeben. Ich kann aber jedem deutschen Single empfehlen, ein Jahr in diesem Betrieb zu verbringen. Für ein wirksames Fitnessprogramm bekommt man sogar Geld, und es gibt wunderschöne Frauen, die noch nicht durch die westliche Emanzipationsmaschine gewandert sind.

Für Kairi war die Arbeit oft ein Spießrutenlauf aus sexueller Belästigung. Nikolai zeigte ihr Pornos auf seinem Handy und brachte ihr penisförmige Riesenteile aus gefrorenem Teig. Er sagte, Kairi, heute habe ich Creme dabei, er demütigte sie schwer. Sie weinte manchmal. Einmal griff ich ein. Ich sagte, verpiss dich, du Penner. Dann war Ruhe. Doch jetzt bin ich nicht mehr da. Man müsste Kairi schon ganz aus dieser Firma nehmen. Der Meister stand auch dauernd bei ihr rum und machte sie an. Wo gehst du heute Abend hin?, fragte er. Warum hast du keinen Freund? Sie sagte, es sei so langweilig. Da hatte er einen guten Rat: Ihr müsst euch zusammen geile Pornos anschauen, dann geht es wieder. Dabei leckte er sich über die dicken Lippen. Aber Kairi wurde ihm schnell fad. Er kümmerte sich später lieber um die beiden ganz jungen Thailänderinnen. Eine war 18, ihre Schwester 15. Da bäumte er sich zwei Meter in die Höhe und flirtete mit seinen riesigen Pratzen, was das Hirn hergab. Er war der Vorgesetzte, was sollten diese Mädchen tun? Er berührte sie ja nicht. Er redete nur. Sie wissen nicht, dass er nicht so reden darf. Er weiß es schon, aber er weiß auch, dass sie keine Chance haben. Eine deutsche Frau wehrt sich in der Regel. An die geht er gar nicht ran. Vielleicht ist die Emanzipation doch eine gute Sache. Die Asiatinnen waren hübsch und hilflos. Es tat oft weh, das mit ansehen zu müssen. Doch andererseits schien es den Mädchen auch zu gefallen. Schließlich war der Meister reich und deutsch, und sie hätten wohl nichts gegen eine Beziehung mit ihm gehabt, auch wenn er schon 45 war und verheiratet. Die Medaille hat immer zwei Seiten. Liebe in unserer Firma war oft ein kalkuliertes Spiel, aber das ist nichts Besonderes.

Ganz besonders unschuldig und völlig unkalkuliert war die echte Liebe zwischen dem 18-jährigen Türken Halil und der 18-jährigen Thailänderin. Sie himmelten sich zuerst ständig an. Und irgendwann gingen sie miteinander. Das war schön anzuschauen. Der junge Mann hatte strahlende Augen und rote Ohren. Das Mädchen war verlegen und schüchtern. Die Beziehung dauerte vielleicht zwei Monate. Drei Wochen davon war sie zu Hause in Thailand. Da telefonierten sie oft miteinander. Das war bestimmt teuer. Dann war Schluss. Der Türke wechselte in die Frühschicht. Die kleine Thailänderin war jetzt das Opfer des Schichtleiters. Das Leben geht weiter. Ich fragte Bilal, wie es seinem Bruder Halil in der Frühschicht gehe. Bilal sagte, er habe keine Ahnung, er spreche nicht mit seinem Bruder.

Es gab einen sehr sympathischen Ostdeutschen in der Firma, mit dem ich mich gerne unterhielt. Er hatte einen besseren Job in einer anderen Halle und war oft bei uns im Pausenraum. Er hieß Henry, und seine Freundin hatte er in der Firma kennengelernt. Mit der war er schon ein paar Jahre zusammen. Sie war auch aus Thailand und arbeitete in der Nachtschicht. Dieser Henry war mit Abstand der glücklichste und zufriedenste Mann, den ich in der ganzen Firma kannte. Jeden Tag hatte er frisch gewaschene Sachen an. Er betrat jedes Mal den Pausenraum mit einem sehr lauten und sehr frischen »Guu Ten Moor Gen«, dabei war es immer schon kurz vor zwei am Nachmittag. Er hatte meistens sehr gute Laune und war ein absoluter Lichtblick im Betrieb. Er hat in dieser Fabrik sein Glück gefunden. Ganz ohne Gewerkschaft, Betriebsrat und Mitbestimmung.

Diese kleinen Liebeleien machten das Leben in der Firma erträglich. Und ich bin sicher, dass die meisten Menschen nicht nur für Geld arbeiten, sondern auch gerne mal andere Männer und Frauen sehen möchten, mit denen man ein bisschen flirten kann. Deshalb ist es oft ungünstig, wenn man als Ehepaar auf der Arbeit erscheint. Das hemmt. Das macht aus der Arbeit reinen Gelderwerb und nimmt ihr einen wichtigen Reiz. Ich glaube, die Liebe ist ein gewaltiger Motor. Sie wird immer noch unterschätzt. In unserem Betrieb blitzen dauernd irgendwo Augen auf, man hört Pfiffe und gehauchte Liebeserklärungen, derbe Anmache und abwehrendes Kreischen. Irgendwann hat man die Arbeit auf dem Kasten. Dann kann man sich auf die wichtigeren Dinge des Lebens konzentrieren. Dann freut man sich auf den Moment, in dem die Rothaarige im weißen Kittel durch die Halle schwebt. Man erstarrt beim Anblick der großen Blonden mit den stahlblauen Augen. Die Männer stoßen sich an und lachen über ihre schmutzigen Bemerkungen. Es ist oft ein lustiges Leben in so einem Betrieb. Niemand lässt ständig den Kopf hängen, weil immer wieder Energiestöße aus Schönheit und Erotik die banale Arbeit verzaubern.

Der Unfall

In der Firma passiert öfter was, meistens kleine Sachen, die nicht weiter schlimm sind. Man schneidet sich die Finger am Papier, bekommt einen Hubwagen in die Hacken, stößt sich den Kopf beim Ausleeren der gestörten Maschinen oder stolpert über Dinge, die planlos im Weg stehen. Das ist alltäglich. Daran gewöhnt man sich. Ein bisschen Schmerz gehört zu jeder vergleichbaren Arbeit. Doch manchmal passiert wirklich etwas. Dann wird der Alltag jäh unterbrochen, und nichts ist mehr normal. Ich musste einen Unfall miterleben, bei dem Rosi eine grüne Kiste auf den Kopf gefallen ist. Normalerweise hole ich die gestapelten Kisten. Ich bin groß und weiß, worauf ich achten muss. Doch an diesem Tag war Rosi wieder im Tauschfieber. Sie wuselte wirr durch die Gegend und zog zu schnell an dem sechsstöckigen Kistenstapel. Sie wusste nicht, dass an dieser Stelle der Boden rauh ist und die Kisten nicht elegant rutschen. Dort muss man vorsichtig sein und den Fuß zu Hilfe nehmen. Wenn man es nicht tut, kann man Pech haben, und Rosi hatte Pech. Einen Tag vor ihrem langersehnten Urlaub fiel ihr diese elende Kiste mit der Ecke voraus auf den Schädel. Plötzlich lag sie da und blutete.

Was dann geschah, hat mich sehr erschüttert. Denn es geschah gar nichts. Natürlich liefen die Maschinen weiter auf Hochtouren. Wir waren schwer beschäftigt mit dem gewaltigen Strom tiefgekühlten Kleingebäcks. Es war jetzt noch schwieriger, weil Rosi ja am Boden lag. Einen Schichtleiter hatten wir zu diesem Zeitpunkt nicht. Jeder Mann und jede Frau war voll ausgelastet. Niemand konnte helfen. Ich dachte, ich spinne. Schnell ging ich zu ihr und checkte die Lage. Sie war fertig. Jemand musste sie nach Hause bringen. Es war 21 Uhr, und der dicke Thomas kam in die Halle. Er war jetzt in der Nachtschicht, kam aber immer noch eine Stunde früher, um ausgiebig zu rauchen. Auch er ging zu Rosi. Sie bat ihn um Hilfe. Er solle sie kurz heimfahren. Es waren nur drei Kilometer. Aber Thomas weigerte sich. Sie könnte ihm mit ihrem Blut den Wagen versauen, vielleicht falle sie außerdem in Ohnmacht und was solle er dann machen. Er ging in den Pausenraum und genoss seine ersten Kippen.

Es dauerte ein paar Minuten, bis ich mich fing. Rosi lag immer noch am Boden. Ich rannte in den Pausenraum und schlug Thomas vor, dass ich selbst Rosi ins Krankenhaus führe, wenn er für mich einspringen würde. Da sagte er tatsächlich: »Meine Schicht fängt um 10 an.« Ich schaute ihn entgeistert an und dachte mir, du arme Sau wirst nie eine Frau bekommen. Ich war geschockt und dachte mir noch ein paar andere Sachen. Rosi lag weiter am Boden. Ich ging zu Oleg und erzählte ihm aufgeregt, was los war. Er sagte, ich solle drei Minuten warten, dann schicke er mir eine Frau, die mich ablösen würde. Ich ging zu Rosi und sagte ihr, sie solle sich noch ein bisschen gedulden. Als Tatjana mich endlich ablöste und ich Rosi fahren wollte, war sie schon weg. Sie war alleine zum Auto getaumelt und ins Krankenhaus gefahren. Die Wunde musste genäht werden. Die Wunde, die ich von dem Vorfall bekommen habe, kann mir keiner mehr nähen. Seitdem glaube ich nicht mehr daran, dass alle Menschen gleich gut sind. Es gibt Leute, die schauen dir beim Sterben zu und machen dabei Brotzeit. Das wusste ich vorher nicht.

Hannelore

Hannelore war die Härteste aus der ganzen Schicht. 13 Jahre hat sie es in dem Betrieb schon ausgehalten. Als Taubstumme mit krummen Arbeitsfingern. Rheuma oder Arthritis. Sie sollte mal zum Arzt gehen. Ihr Kreuz tut weh. Ihr Gesicht ist meist schmerz- oder wutverzerrt. Diese Nervensäge war meine direkte Kollegin. Ihr Hauptjob war es, 50 Dinger in eine Tüte zu packen. Sie war die Frau am Ende der Maschine. Und sie wollte oft mit mir tauschen. Aber sie konnte nur dahinten arbeiten. Woanders war sie nicht zu gebrauchen. Ich erinnere mich nicht gern an sie. Mit ihr verbinde ich nur schreckliche Vorstellungen. Sie war langsam und schob deshalb dauernd die Krise. Sie arbeitete viel zu kompliziert und kam oft nicht nach. Sie kämpfte um ihren Arbeitsplatz. Zum Beispiel machte sie keine Pause. Wenn wir im Pausenraum saßen, putzte sie die Maschine. Wenn wieder Dinger kamen, klopfte sie wild an die Wand. Dann schlenderten wir zurück an den Arbeitsplatz. Dort hatte sie schon einen hochroten Wutkopf. Meistens war sie sauer oder beleidigt. Es ist blöd, wenn jemand nichts versteht und nicht reden kann. Aber noch blöder ist es, wenn so ein Mensch auch noch rumzickt. Hannelore war ein Kapitel für sich. Deswegen bekommt sie in diesem Buch auch eins.

Sie hinkte irgendwie. Und sie hatte eine Brille. Ihre Haare waren rot gefärbt, hingen aber immer schlaff nach unten. Sie konnte auch lachen. Einmal hätte sich Rosi fast die Hand abgetrennt, weil die Betriebsmechaniker eine Abdeckung vergessen hatten. Da lachte Hannelore. Sie war Nichtraucherin und regte sich über unsere Rauchpausen auf. Sie regte sich auch auf, wenn wir zu viel miteinander quatschten. Das ertrug sie nicht. Sie fuhr sogar ein eigenes Auto. Da war ein Aufkleber, Vorsicht Gehörloser, drauf. Sie war immer ganz blass und schleppte sich in die Firma. Sie machte einen sehr traurigen Eindruck. Und es bedrückt mich, an sie zu denken. Denn es gibt gar nichts Lustiges oder Heiteres von ihr zu erzählen. Ihr Leben schien ein einziges Drama zu sein, da war kein Hauch von Komödie. Wenn man Hannelore bei der Arbeit sah, hielt man die Welt für eine gottlose Hölle, so quälte sich die Frau. Sie war schon 63. Keiner wusste, warum sie nicht einfach Rente beantragte. Niemand sprach mit ihr. Nur Rosi versuchte es. Aber es war sehr schwierig, und außerdem hatte Rosi noch viele andere Gesprächspartner.

Wir wussten von Hannelore, dass sie Single war. Sie lebte allein. Viel mehr wussten wir nicht. Manchmal kam eine Gehörlose aus einer anderen Schicht zu ihr. Dann unterhielten sie sich in Gebärdensprache. Hannelore war anstrengend. Der irakische Schichtleiter schimpfte laut mit ihr. Er wollte sie loswerden, hatte aber keine Chance. Viele waren von ihr genervt. Sie war unbeliebt in der Schicht. Ich war froh, wenn sie nicht da war. Sie hatte immer zwei Tage die Woche frei. Wenn ich daran denke, was ich mit ihr durchmachen musste, wird mir schlecht. Sie war hinten am Ende der Maschine und ich eine Station vor ihr. Ich musste ihr helfen, wenn die Maschine eine Störung hatte. Dann hieß es so schnell wie möglich hinterlaufen und auch 50er packen. Sie war oft dermaßen überfordert, dass sie 20 Tüten einfach so offen auf den Boden stellte. Die musste ich dann schnell zumachen und gleichzeitig packen. Ein Ding der Unmöglichkeit. Mit Hyperraumgeschwindigkeit geht es. Die Frau trieb mich in den Wahnsinn. Natürlich war sie behindert, und man geht mit solchen Leuten nachsichtig um. Trotzdem war ich oft kurz davor, sie furchtbar laut anzubrüllen und ihr die Tüten um die Ohren zu schmeißen. Ich konnte mich beherrschen. Es blieb bei kurzen Schreien und Tritten gegen grüne Kisten. Hannelore trat auch gegen die und schmiss sie durch die Gegend, wenn sie nicht mehr konnte. Das half. Es befreit, wenn man etwas schmeißen kann. Die Wut muss abfließen.

Sie ist zwar taubstumm, macht aber trotzdem Geräusche. Sie schreit und stöhnt auf ihre Art. Man hört sie weit. Es klingt immer panisch. Hannelore ist eine Meisterin im Verbreiten von Alarmstimmung. Ihr Leben gleicht einer Sirene. Sie hat Dauerstress. Ihr Job ist schwierig. Er war für mich schwierig, und ich bin jünger und kann hören. Es ist unvorstellbar, dass sie das schaffen kann. Sie leistet Übermenschliches. Und bekommt auch nur 8 Euro 10, wenn überhaupt. Oft kriegt der Arbeitgeber Geld vom Staat, wenn er einen Behinderten einstellt. Wir hatten eine Frau im Betrieb, die war schon älter und ziemlich langsam. Für die bekam der Chef angeblich 500 Euro im Monat. Trotzdem musste die Frau sechs Tage die Woche kommen, obwohl sie nur fünf arbeiten durfte. Für Hannelore bekommt er wahrscheinlich auch Kohle, obwohl sie sich ihr Geld wirklich verdient. Sie macht zwar Fehler, packt aber insgesamt sehr gut an. Und sie ist äußerst gewissenhaft. Ihre Gewissenhaftigkeit ging uns auf den Keks. Ihr merkt man noch die alte Schule an.

Für mich war Hannelore die traurigste Figur der ganzen Schicht. Wegen ihrer Behinderung ist sie nicht integriert. Sie schuftet alleine vor sich hin. Sie kann sich mit uns nicht unterhalten, nicht gemeinsam mit uns lachen. Für sie ist alles immer furchtbar ernst. Ganz selten ist sie mal lustig. Von ihr kommen keine echten Gags. Sie bekommt den Firmenscheiß voll ab, ohne sich dagegen wehren zu können. Wie soll sie über den Chef schimpfen oder den Meister nachahmen? Das geht nicht. Sie packt ihre 50 Dinger, tausendmal am Tag, geht nach Hause, schläft allein. Eine grausige Vorstellung. Ohne Hannelore hätte ich von dieser Firma kein so schlechtes Bild. Die meisten anderen sind glücklich. Hannelore ist grundtraurig. Sie sieht keine Alternativen. Sie quält sich seit 13 Jahren mit diesem Mist. Da wünscht man sich, dass einer kommt und sie rausnimmt. Der Job ist zu hart für sie. Jeder sieht es. Keiner tut etwas. Ich auch nicht. Was denn?

Dass die Welt ungerecht ist, wusste ich schon vorher. Trotzdem schockte mich der Anblick von Hannelore besonders. Womit hat sie dieses Leid verdient? Was hat sie verbrochen? So fragte ich und kam zu dem Schluss, dass sie gar nichts verbrochen hat, weil niemand sie bestraft. Sie hatte Pech, das ist alles. Mit dem lieben Gott kommt man da nicht weiter. Entweder man denkt sich den Teufel dazu, oder man erklärt alles zu Märchengeschichten. In der Firma habe ich meinen Glauben verloren. Wer diesen Dschungel gesehen hat, lässt sich vom Pfarrer nicht mehr einlullen. Man möchte schon glauben, aber die Logik spielt nicht mit. Wenn ich Hannelore leiden sehe, kann ich den Spruch »Gott liebt dich« nicht mehr glauben. Niemand liebt Hannelore, auch nicht Gott.

Wenn sie abends nach Hause geht, verabschiedet sie sich nicht. Ich habe ihr ein paarmal gewunken und mit dem Kopf genickt, aber sie hat mich immer ignoriert. Auch bei Schichtbeginn grüßte sie nicht. Ich war wütend auf sie. Noch heute empfinde ich Zorn, wenn ich an sie denke. Eigentlich wäre Mitleid angesagt, aber dazu bin ich nicht mehr fähig. Soll sie doch was ändern! Was bringt denn Mitleid? Ich kenne Taubstumme, die erfolgreich sind und glücklich im Leben stehen. Eine Behinderung ist heute kein gesellschaftliches Todesurteil mehr. Man kann trotzdem überall teilnehmen. Aber Hannelore wusste nicht mal, dass DVDs auch Untertitel haben können. Rosi fand das raus. Sie hat hoffentlich etwas falsch verstanden. Doch Hannelores Blick war so leer, dass sie vielleicht wirklich noch nie einen Film gesehen oder ein Buch gelesen hat. Ich will nicht mehr an sie denken. Ihr Fall ist zu traurig. Man könnte weinen, aber Gefühle sind out.

Malik

Ich weiß nicht, ob es sich gehört, so direkt über die Leute zu schreiben. Auf diese Art bekommt man am meisten mit und wird gleichzeitig unterhalten. Eigentlich sollte ein Soziologe über Phänomene wie Gruppendruck und Wertewandel schreiben. Aber das ist mir zu unpersönlich. Letztlich zählt immer der Mensch. Den kann man nicht in Schablonen pressen. Jeder Mensch ist einzigartig. Für die Soziologie gibt es den unverheirateten, in einer festen Beziehung lebenden 45-jährigen irakischen Einwanderer ohne Kinder. Für mich gibt es Malik, den Underachiever.

Eines Tages fing er bei uns an. Da war er schon sechs Jahre in der Firma. Man hatte ihn strafversetzt. Die Firmenleitung dachte, bei uns sei es am leichtesten. Vielleicht stimmt das sogar. Auf jeden Fall hatten wir viele Leute, die vorher an anderen Stellen im Betrieb nicht klarkamen. Malik war einer davon. Mann, war das ein Typ! Er schmiss seinen Teigabfall aufs Fließband, weil er zu faul war, die Müllwanne auszuleeren. Dann kamen bei uns geschmolzene Teigklumpen an, die sich schlecht in den 50er-Tüten machten. Ich ging rüber zu ihm und pfiff ihn an. So lernten wir uns kennen. Von da an hatte er Angst vor mir.

Er konnte gut Deutsch und verstand sich blendend mit Nikolai. Die beiden machten dauernd Blödsinn. Der Meister war ständig mit ihnen beschäftigt. Er musste sie beaufsichtigen wie kleine, ungezogene Kinder. Manchmal brüllte er Malik so ungehindert ins Gesicht, dass der sich duckte. Ein paarmal zog der Meister mit der Faust auf, schlug aber nicht zu. Er war nicht zu beneiden mit diesen beiden. Malik lachte meistens. Manchmal verging ihm aber das Lachen. Zum Beispiel, wenn er richtig arbeiten musste. Das kam selten vor. Meistens konnte er sich drücken und spazieren gehen. Aber wenn er wirklich mal ranmusste, hatte er Panikattacken und war schnell völlig überfordert. Margot sagte, es gibt Leute, die können nicht arbeiten und lernen es auch nie. Wunderbar, aber was macht der Penner dann bei uns?, fragte ich mich. Schmeiß ihn raus, sagte ich zum Meister. Ich war nicht gerade nett zu Malik.

Warum war ich so böse zu ihm? Ist er nicht ein Opfer, ein bedauernswerter Mensch, der Hilfe braucht? Ja sicher, aber ich musste mit ihm zusammenarbeiten. Er war mein Kollege. Ich stand nicht über ihm, er war nicht mein Patient oder mein Klient, wir waren gleich viel wert, und er stand mir oft im Weg. Er nahm mir in größter Not den Hubwagen vor der Nase weg. Das ist sehr problematisch. Wenn die Palette nicht sofort verschwindet, kriegt man Stress, weil die Maschine weiterläuft. Er hatte einen Hubwagen, aber er wollte unbedingt meinen, weil er den besser ziehen konnte. Ich brüllte ihn an. Ich machte ihn fertig. Was war ich sauer! Danach nahm er mir keinen Hubwagen mehr weg.

Malik war schuld an Wanjas Kündigung. Beide sollten zusammen an einer Maschine arbeiten. Die Maschine war an dem Tag noch gestörter als sonst. Malik stand nur blöd in der Gegend rum und tat gar nichts. Wanja musste alles alleine machen. Und das war nicht zu schaffen. Also blieb noch Arbeit liegen, obwohl die Jungs schon Pause hatten. Malik war natürlich sofort im Pausenraum. Und Wanja stand alleine mit dem Kram in der Halle. Der Meister verlangte von ihm, dass er alles wegarbeitet.

Dann stritten sie. Warum hilfst du nicht mit?, fragte er den Meister. Der sagte: »Weil ich der Meister bin, und wenn dir was nicht passt, kannst du gehen.« Da ging Wanja. Nach der Pause musste Malik tatsächlich mal arbeiten, weil Wanja nicht mehr da war. Ein echter Höllentrip für den Ungeeigneten.

Malik war wie ein Kind. Das Gesicht schon alt, der Spitzbauch stand vor, trotzdem war er wie ein 10-Jähriger. Ich dachte mir oft, dass der Kündigungsschutz nur für ihn gemacht ist. In der Firma war der Typ nicht nur unnütz, sondern schädlich. Er verursachte mehr Arbeit, als er erledigte. Trotzdem war er praktisch unkündbar. Er hatte einen Festvertrag. Und wenn die Firma sparen muss, schmeißt sie erst die ganzen Leute mit Zeitvertrag raus. Das ist mehr als die Hälfte des Betriebs. Malik bleibt also bis zur Rente. Ich glaube, der Chef ist ein sozialer Mensch. Es ist gut, dass diese Firma ein Auffangbecken für die Elenden der Welt ist. Solche Firmen sollten überall blühen. Denn es gibt so viele Maliks in Deutschland. Besser, die haben einen Job.

Malik ist einer von den Leuten, bei denen man an der Menschheit zweifelt. Man fragt sich, ob wir wirklich die Krone der Schöpfung sind, und im Kopf schreit es sofort: niemals. Malik war ein Spezialfall. Und das Drastische ist, der Spezialfall wird langsam zur Normalität. Überall wimmelt es von Leuten wie Malik. Zum Beispiel im Schwimmbad. Da bin ich jetzt oft mit meiner Tochter. Im Schwimmbad ist es wirklich krass. Nein, Malik ist gar nicht so schlimm. Niemand, der so eine Arbeit aushält, ist so schlimm wie die aus dem Schwimmbad oder die aus den Mittagsfernsehshows. Aber Meckern gilt nicht. Wir sollten uns nicht gegenseitig zur Disposition stellen. Wir einfachen Typen aus dem Volk müssen zusammenhalten.

Wir sollen laut Karl Marx irgendwann die Macht übernehmen. Wie bitte? Ob man die Macht essen kann? Ob die Macht einen BH trägt? Karl Marx hat sich in dieser Hinsicht geirrt. Malik wird die Macht nicht übernehmen. Er ist froh, wenn er sich vor der Arbeit drücken kann und noch Zigaretten hat.

An der Macht sitzen immer Leute, die mehr vom Leben wollen als 8 Euro 10 in der Stunde. Mächtige gehen nicht am Dienstagnachmittag ins städtische Freibad. Es ist absurd anzunehmen, dass die einfachen Leute irgendwann die Fäden in der Hand halten. Die haben an so etwas kein Interesse. Die suchen nicht die Verantwortung, sie flüchten vor ihr und sind froh, wenn sie um 4 Uhr nachmittags zu Hause mit dem Bier vor der Glotze sitzen können. Die einfachen Leute streben danach, möglichst nichts zu tun. Sie wollen sich entspannen und konsumieren. Der Traum des kleinen Mannes ist die Hängematte mit Zimmerservice. Kleine Leute haben noch nie ein Land regiert. Der Mann von der Straße strebt die Macht nicht an. Malik ist dafür der beste Beweis. Wenn man ihn kurz anbrüllt, gibt er sofort nach. Er leistet keinen Widerstand. Er ist willfährige Masse. Man kann ihm keine Aufträge geben, die ihn geistig überfordern. Aber ansonsten tut er, was man möchte, wenn er nur in Ruhe leben kann.

So einen stellt man gerne fest ein. Der merkt es auch nicht, wenn er beim Lohn beschissen wird. Mit dem kann man machen, was man will. Denkt der Chef. Aber in Wirklichkeit kann man mit ihm nicht viel anfangen. Er steht überall im Weg und bringt jeden Meister an den Rand des Wahnsinns. Viele werden in dieser Firma übrigens wirklich wahnsinnig. Ich bin froh, dass ich draußen bin. Wenn ich an Hannelore und Malik denke, bin ich wirklich gerne Schreiber und nicht Arbeiter. Es wird Zeit, dass ich wieder von etwas Positivem berichte. Aber das ist gar nicht so leicht. Ich muss auch mal zugeben, dass das Negative überwogen hat. Es war fürchterlich. Trotzdem ist es besser, da drin zu stehen, als Steuergelder zu verbrauchen. Wenigstens lernt man wirklich schräge Vögel kennen und merkt, wie schön die Welt draußen sein kann. Aber es hält sich nicht alles die Waage. Insgesamt gesehen war der Job grauenhaft.

Die Revolution fällt aus

Das Nervendste an der ganzen Arbeit war für mich die Unterforderung. Natürlich war ich brutal am Rumrudern. Es war schwer nachzukommen. Aber das war alles nur körperlich. Geistig hat mich die Arbeit gelangweilt. Ich stand oft mit eingeschlafenem Gesicht überm Fließband. Das Leben war so leer. Boreout nennt man das Phänomen. Das Gegenteil von Burnout. Wenn es zu langweilig wird, wenn man stark überqualifiziert ist, bekommt man diese neue Krankheit. Sie ist heute ein ernstes Problem, denn viele Hochqualifizierte machen einfache Arbeiten. Das ist bei Praktikanten nicht anders. Auf wie viele Arten kann man denn Kaffee kochen? Glück ist, wenn Talent Gelegenheit findet und Bildung genutzt werden kann. Wenn man jahrelang studiert, um dann Weißbier einzuschenken, hat man Pech. Aber dagegen kann man etwas tun. Es ist kein unentrinnbares Schicksal. Man kann immer und überall entrinnen. Nur in dieser Firma wusste das kaum jemand.

Die saßen alle völlig frustriert im Pausenraum. Jeder war total angekotzt von dieser Firma. Keiner hatte Lust zu arbeiten. »Keine Lust« war ein geflügeltes Wort, das man überall hörte. Manchmal wollte ich sie anbrüllen: Dann geht doch nach Hause! Niemand zwingt euch, hier zu sein! Aber das würden die eh nicht glauben. Die meinen, sie sind gezwungen, ihr Leben lang da reinzugehen. Die Perspektivlosigkeit war schlimm. Die Hoffnungslosigkeit, die Trauer, dieses Käfigbewusstsein. Die Leute waren nicht wild, sondern gezähmt und brav. Ich glaube, alle Schlechtbezahlten sind harmlos. Niemand kann sie anstacheln. Ein Soziologe will gerne aufrührerisch sein. Aber da drin kann man rühren, so viel man will, man kriegt nichts zustande. Die Leute schlucken alles. Wenn man ihnen ein Bein ausreißt, sagen sie nur »egal« und winken müde ab. Alle waren schwer erschöpft. Die Arbeitgeber werden sich mit uns noch viel mehr erlauben können. Von Widerstand war nichts zu spüren. Nur Wanja sagte mal, er wolle einen Betriebsrat gründen. Doch jetzt ist er nicht mehr im Betrieb. Und hätte er wirklich einen gegründet, dann nur, um Bierautomaten auf dem Firmengelände wieder einzuführen. Denn die vermisste er sehr.

Zum Aufstand taugen die Leute in diesem Betrieb gar nicht. Dazu war die Fluktuation auch zu hoch. Viele waren nach ein paar Wochen schon wieder weg. Es gab kein richtiges Kollektiv. Wir waren fast ein Aggregat. So nennt man auf Soziologisch eine Gruppe, die sich zufällig im Fahrstuhl trifft. In den Betrieben wird keine Revolution ausbrechen. Die Arbeiterschaft neigt nicht zur Revolte. Vielleicht sollte man das Wort »Revolution« einmotten. Heute gibt es nur noch den Austausch von Eliten. In dieser Firma war aber kein Mitglied der Elite beschäftigt. Deshalb war das Leben da drin total unpolitisch. Das hat mich enttäuscht. Niemand verbreitete Parolen. Auf den Klos standen keine coolen Sprüche. Jede Kneipe ist politischer als diese Firma.

Wir waren keine verschworene Gemeinschaft. Es gab Iraker und Russen, Deutsche und Türken. Die Arbeiterschaft war gespalten. Und das ist sie in ganz Deutschland. Einen jungen Türken fragte ich, ob er sich als Deutscher fühle, weil er hier geboren sei, so ausschaue und so spreche wie wir. Er verneinte entrüstet. Ich bin ein Türke, sagte er voller Überzeugung. Vielleicht wird es Streit innerhalb der Arbeiterschaft geben, aber sicher keine Konfrontation zwischen Arbeitern und Kapitalisten. Dazu ist die einfache Bevölkerung zu gespalten. Man hat kein kommunikatives Dach, unter dem man sich treffen könnte. Die Arbeitgeber sind sich untereinander viel einiger als die Arbeitnehmer. Hier versagen auch die Gewerkschaften. Sie haben versäumt, multikulturell zu werden. Sie sind noch nicht im neuen Jahrtausend angekommen.

Das mit dem Wir-Gefühl ist so eine Sache. Zum Beispiel gab es früher politisch interessierte Intellektuelle, die in die Betriebe gingen, um die Leute aufzurütteln oder eine Brücke zwischen Arbeitern und Akademikern zu schlagen. Heute macht das keiner mehr. Heute reden die Intellektuellen so hochgescheit, dass der Brückenschlag nie gelingen kann. Er ist auch nicht beabsichtigt. Die Intellektuellen rechnen sich zur Oberschicht, obwohl sie oft arme Teufel sind. Auf jeden Fall haben wir weder von den Betrieben noch von den Intellektuellen irgendetwas Revolutionäres zu erwarten. Für die Kapitalisten heißt das: weiter so! Und sie machen auch weiter, weil sie längst wissen, dass ihnen niemand widersteht. Weder in den Medien noch in der Arbeiterschaft gibt es das revolutionäre Subjekt. Wo ist es? In der Religion, im Sport, in der Wissenschaft, in der Kunst oder in der Wirtschaft? Ich weiß es nicht. Gegen ein Treffen hätte ich nichts einzuwenden. Das Boreout wird langsam quälend.

Es gibt wohl keine Revolution. Dazu sind die Leute zu unterbelichtet, zu gesättigt, zu verweichlicht und zu unorganisiert. Außerdem gibt es keinen Grund zu revoltieren. Und es gibt keine Alternative zu diesem System. Wir können uns bis jetzt noch nichts anderes vorstellen. Die Idee einer revolutionären Erhebung können wir also getrost vergessen. Sie gehört in den Bereich Utopie und Unmögliches. Sie ist ein rosarot gefärbter Traum von Veränderung, der an der Wirklichkeit zerschellt. Doch diesen Traum träumt ohnehin nur die gebildete, junge Mittelschicht. Niemand in meiner Firma ist an einem Umsturz interessiert. Warum auch? Es geht den Leuten ja gut. Was wir Studentenköpfe katastrophal finden, ist für andere kein Grund zur Aufregung. Wir sehen schon Skandale, wo die Mehrheit noch träge vor sich hin döst. Und es gibt sowieso kein Band mehr zwischen den Studierten und den Knechten. Jeder wurstelt vor sich hin. Jeder sieht nur den eigenen Vorteil. Die Bevölkerung ist deshalb machtlos. Sie ist den Launen des Marktes und der Politik schutzlos ausgeliefert. Zum Widerstand fehlt die Gemeinschaft, der Intellekt und der Wille. Man ist zu schwach zum Aufstand. Mir soll es recht sein. Frieden ist schöner als Aufruhr. Und die Verhältnisse bei uns sind nicht so, dass man rebellieren müsste. Sollte es mal nötig sein, werden wir es hoffentlich trotzdem können.

Drogen erleichtern die Arbeit

Darauf muss man hinweisen: Drogen sind wichtig. Man muss sich nicht nur im Radsport dopen, um vorne mitzufahren, auch das normale Arbeitsverhältnis ist heute nur selten drogenfrei zu bewältigen. Wir hatten Nichtraucher in der Schicht: den Chinesen, den Burmesen und den jungen Türken. Alle drei schrien oft mit hochrotem Kopf ihre Kollegen an, ruderten wie irr mit den Armen, schmissen Dinge durch die Gegend, traten gegen Maschinen und bekamen schreckliche Panikattacken. Zigaretten hätten ihnen gutgetan. Sie hätten ihrer Gesundheit geschadet, aber ihrem Seelenfrieden geholfen. Und deshalb rauchte fast jeder im Betrieb. Es ging nicht anders. Bei bestimmten Arbeiten ist die Zigarette Zubehör.

Wenn man nachts nach Hause kommt, möchte man kaltes Bier trinken. Und es hilft. Man kann besser abschalten. Das Getränk gibt Kraft. Der Geist wird unsensibler. Man erträgt den Mist leichter, wenn man sich das Hirn vernebelt. Einer ist schon 26 Jahre im Betrieb. Er säuft, anders geht es nicht. Die Frage ist: Säuft man, weil man Arbeiter ist? Oder ist man Arbeiter, weil man säuft? Oleg hielt eine Flasche Cognac am Tag für wenig. Einmal brachte er welchen mit. Da lallte und schwankte er. Kein schöner Anblick. In einer anderen Firma spritzen die armen Säufer Wodka in Äpfel, um gesund und knackfrisch zu erscheinen. Ein schlimmes Laster. Und doch würde ohne Alkohol viel Arbeit liegen bleiben. Es gibt Länder, die den Alkohol verbieten. Die sind uns ökonomisch trotzdem unterlegen. Auch unser Meister hatte diesen beschwingten Gang und rote Hände. Würde der Alkohol die Menschen vom Arbeiten abhalten, hätte man ihn längst verboten. Er hilft. Er treibt an. Arbeit ist das Laster der trinkenden Klassen, sagte Oscar Wilde. Und es wird nicht nur in den Billigfirmen gesoffen.

Was wir uns gar nicht leisten können, ist Kokain. Wir sind keine reichen Werbetexter oder Hauptstadtjournalisten. Deswegen begnügen wir uns mit der harmloseren Variante: dem Kaffee. Er ist unser Treibstoff. Einmal musste ich 12 Tage hintereinander durcharbeiten. Am letzten Tag wäre ich fast am Fließband zusammengebrochen. Ich bat Boris kurz um eine Ablösung, trank Kaffee und rauchte, dann ging es wieder. Damit ruiniert man sich die Gesundheit. Eine Runde Schlaf täte dem Körper besser. Aber ich war nicht im Kurhotel, sondern auf der Arbeit. Und zur Arbeit gehört, dass man sich schindet, aus seinem Körper alles rausholt und sich überanstrengt. In der großen Pause trank ich zwei Tassen Kaffee, extra stark, extra Zucker, und rauchte dazu drei Zigaretten. Immer, wenn ich die dritte Kippe gerade ausgedrückt hatte, klopfte Hannelore, und die Arbeit ging weiter. Man musste so viel rennen, dass feste Nahrung unpassend war. Es gab ohnehin nur diesen klebrigen Kuchen, der eher schwächt als stärkt. Was in den Läden verkauft wird, ist oft nutzloses Zeug. Die Regierung sollte das Schulfach Ernährung einführen. Dann würden die Leute vielleicht weniger Abfall essen.

Und dann die Schmerzmittel. Wir hatten alle Rückenschmerzen. Dagegen gibt es gute Tabletten. Ich habe gelesen, dass Schmerzmittel bei jungen Ausländern eine beliebte Droge sein sollen. Kein Wunder. So ein Mittel macht high. Man kann damit arbeiten und prügeln wie ein Tier. Ich nahm die Dinger auch mal, setzte sie aber rechtzeitig ab. Das sind so unsere Drogen. In anderen Branchen nimmt man andere, aber überall knallt man sich voll und dopt, um Leistung zu bringen. Das ist nicht gut, aber so ist unser Leben. Völlig drogenfrei kann nur der indische Guru ohne Familie und Job leben. Alle anderen brauchen Stoff, um zu funktionieren. Da kann der Gesundheitsapostel noch so sehr predigen. Er kennt unseren Alltag nicht. Würden plötzlich alle Leute rigoros auf ihre Gesundheit achten, bräche das System zusammen. Unsere Gesellschaft beruht auf Ausbeutung von Ressourcen. Eine dieser Ressourcen ist unsere Gesundheit. Wenn wir krank oder alt sind, legt man uns beiseite und nimmt sich den nächsten jungen Gesunden.

Man kann nicht sagen, dass nur die Armen ihre Gesundheit bei der Arbeit ruinieren. Manager, Politiker, Künstler geben auch mehr, als sie haben. Sie zehren von ihrer Substanz, um das nächste Projekt durchzupeitschen. Und immer helfen Drogen. Bei den kleinen und den großen Leuten. Wenn aber ein Reicher krank wird, kann er leichter gesunden. Er nimmt Urlaub, geht auf Kur, kauft teure Medikamente, leistet sich Therapien und konsultiert die besten Ärzte. Der Arme schleppt sich oft krank in die Firma und hat für den Arztbesuch weder Zeit noch Nerven. So kommt es, dass Gesundheit eher ein Reichenthema ist. Für die Armen in den Betrieben ist das Leben früher zu Ende. Sie können sich Gesundheit nicht leisten. Bioprodukte aus dem Reformhaus sind für Arbeiter unerschwinglich. Sie haben keine Zeit, um über Vitamine und Ballaststoffe nachzudenken. Das Leben der einfachen Leute findet in anderen Bahnen statt. Da spielen die Oberklassenthemen Gesundheit, Bio, Öko und Fitness meistens keine Rolle. Nikolai war die Ausnahme. Der ging regelmäßig laufen und achtete auch darauf, nicht zu viel zu rauchen. Die anderen qualmten, als sei es selbstverständlich. Ohne den geringsten Zweifel. Ihre ganze Kraft opferten sie für diese beknackte Firma, weil sie ihr eigenes Leben als nicht besonders wertvoll einstuften. Viele Leute finden es normal, die eigene Gesundheit für einen schlechten Job zu ruinieren und kurz vor der kargen Rente zu sterben. Die nehmen sich nicht so wichtig und sind klar in der Mehrheit.

Qualität

Man braucht keine langjährige Untersuchung, um zu wissen, dass gestresste, schlechtbezahlte Arbeiter Garanten für miese Qualität sind. Aber es merkt keiner. Und außerdem ist das Wichtigste sowieso der Preis. Wenn der stimmt, dann stimmt auch alles andere. Da nimmt man in Kauf, dass die Kühlkette Lücken hat und ungewaschene Hände die Dinger schon vom Boden aufgelesen haben. Man akzeptiert mangelnde Hygiene, schmutzige Fließbänder, rostige Maschinen. Solange man überlebt, kann es nicht so schlecht sein. Man hört nie, dass einer wegen den Teilen krank wurde. Ich esse sie ja selber. Sie schmecken gut. Und ich bin jetzt nicht kränker als vorher. Schätze ich. Tatsächlich glaube ich nicht, dass man von dem Zeug einen Schaden bekommen kann, wenn man gelegentlich eins isst. Aber Dauerernährung aus dieser Fabrik wäre keine gute Idee. Abwechslung ist wichtig. Und der Preis auch. Wenn der ganz niedrig ist, kann die Qualität nicht die beste sein. Warum sehen arme Leute ungesünder aus als reiche? Weil sie nur billig essen. Reich werden heißt vor allem, dass man was Gescheites zwischen die Zähne bekommt.

Es ist eine Binsenweisheit: Qualität hat ihren Preis. In dieser Firma produziert man billig. Die Leute bekommen einen Hungerlohn. Gleichzeitig haben sie eine 50-Stunden-Woche. Sie sind meistens erschöpft. Es gibt kaum Anweisungen, denn die Sprachbarriere macht reibungslose Kommunikation unmöglich. Weil die Bedingungen in dieser Firma so schlecht sind, kommen immer neue Leute, die nicht wissen, was sie tun sollen, und auch nicht angelernt werden. Jeder muss sich selbst alles beibringen. Außerdem sind ständig welche krank. Täglich fehlen bestimmt fünf von 30 Arbeitern. Das heißt, wir arbeiten immer in Unterzahl und oft auch noch mit absoluten Anfängern. Weil gespart werden muss, sind die Maschinen alt und das gehobene Personal dritte Wahl. Gute Leute sind in dieser Firma selten. Auch unsere zwei deutschen Meister waren nicht das Gelbe vom Ei. Wir bekamen Anweisungen, die wir lachend zurückweisen mussten, weil sie völlig blödsinnig waren. Das alles unter großem Zeitdruck. Es war unmöglich, sich nach jeder Zigarettenpause die Hände zu waschen. Im Raucherraum gab es kein Waschbecken.

Es krabbelte und huschte in dieser Firma. Als mal der Kaffee leer war, wollte ich mir einen Kakao holen. Davon riet man mir wegen der Kakerlaken ab. Kein Wunder: überall Essbares. Schöne warme Öfen. Ein Paradies für kleine Tiere. Einer erzählte, dass man in der anderen Abteilung flüssige Schokolade auf die Viecher goss. Ich sah mal eine Maus. Und in dem ganzen Jahr vielleicht vier Käfer. Vielleicht erzählen die Leute auch Märchen. Man hat ja sonst keine Abwechslung. In diesem Dreck ist aber alles möglich. Das Putzteam besteht aus drei Chefs, die dauernd Anweisungen geben. Ich weiß nur nicht genau, wem. Manchmal sieht man eine wirkliche Putzfrau. Doch meistens wandeln nur die drei weißgekleideten Putzkommissare durch die Firma und glauben, dass der Dreck von selber geht. Es war eklig in dieser Firma. Schon wenn man reinkommt und das Klo sieht, möchte man schreiend weglaufen. Es gibt genau eine Betriebstoilette, bei der man nicht abstempeln muss. Toll, dachte ich, bis ich drin war. Der Geruch war eine Mischung, die ich noch nicht kannte. Als Aftershave nicht zu empfehlen, eher als Waffe gegen Demonstranten. Ich war schon in vielen Firmen. Aber so viel Schmutz habe ich noch nirgends gesehen. Trotzdem werden da Lebensmittel produziert. Guten Appetit.

Igor, der Teigmischer aus Russland, hat ein Alkoholproblem. Im Kühlhaus spuckt er auf den Boden. Er macht Fehler. Die Dinger haben keine gute Form, wenn er sie macht, oder sie sind nicht richtig gefroren. Im Sommer bekommen wir besondere Probleme. Aber die Dinger tauen bei uns im ganzen Jahr auf. Wir haben seit kurzem eine neue Maschine. Die produziert so schnell, dass wir nicht nachkommen und die Sachen zu lange in der Wärme stehen. Manche Leute sind zu faul, dauernd ins Kühlhaus zu fahren. Sie warten, bis die Palette voll ist. Da sind dann 10 Kisten butterweich. Egal, sagen wir. Nur wenn sich der Oberchef ankündigt, arbeiten wir sauber und korrekt. Und wenn Aldi oder das Gesundheitsamt kommen. Da blitzt und blinkt es überall, dass es eigentlich schon auffällt. Manchmal kann man sich wundern, was bei uns alles möglich ist. Anything goes, heißt das Motto der Postmoderne. Stimmt: Alles ist möglich. Ich weiß nur nicht, ob das gut ist.

Es ist zum Beispiel möglich, bestimmte Dinge zum halben Preis herzustellen. Darunter leidet nicht nur die Belegschaft, sondern auch die Qualität. Die Produkte sind schlechter, ungesünder und geschmackloser. Aber das ist der Weg der Zukunft. Die Gesellschaft spaltet sich in Arm und Reich. Die Reichen bekommen wunderbare Dinge für viel Geld, und die Armen können sich nur noch Billigfutter leisten, von dem man vielleicht krank wird. Igor hat fast alle Zähne verloren. Den letzten zog ihm der Zahnarzt ohne Spritze. Nikolai sagt, Igor habe zu viele unserer Teile gegessen. Sechs Stück am Tag über Monate. Der

Arzt fand, das hätte er nicht tun dürfen. Jetzt sieht er aus wie 90. Dabei wurde er letztes Jahr erst 50. Seinen Geburtstag hat er nicht gefeiert. Er musste arbeiten. Unsere Welt ist so hart geworden, dass sie leicht zerbrechen kann.

Vielleicht gibt es noch Leute, die glauben, dass billige Sachen genauso gut sind wie teure. Ein irakisches Sprichwort heißt: Billig ist teuer. Wer billigen Kram kauft, zahlt oft drauf, soll das bedeuten. Aber ich selber kaufe trotzdem billig. Einfach aus Geiz. Manche Umweltfans wollen die Deutschen dazu bringen, mehr Geld für Lebensmittel auszugeben. Ich glaube, das wird nicht klappen. Das machen doch nur Ideologen. Wenn ich den Liter Milch für 30 Cent haben kann, warum dann 90 dafür bezahlen? Milch ist Milch. Brot ist Brot. Und ein Auto ist ein Auto. Wenn der Billigwagen von Tata für 2000 Euro auf den europäischen Markt kommt, werden die Leute Schlange stehen. Die Qualität mag sinken, doch der Preis sinkt auch. Und er sinkt schneller als die Qualität. So schlecht kann ein Produkt gar nicht sein, wie es manchmal billig ist. Wenn das Leben billiger wird, steigt unsere Kaufkraft. Der Chef meiner Fabrik steigert die Reallöhne, indem er einen guten Preis macht. Er ist ein Sozialrevolutionär. Er macht die Armen reicher, während andere nur die Reichen ärmer machen.

Ist doch super hier

Bei dieser Arbeit ist mir ein Phänomen aufgefallen, das wahrscheinlich allgemeine Gültigkeit besitzt. Man redet sich die Hölle schön, weil man zu faul ist, etwas zu ändern. Rosi war eine Expertin in dieser Art von Selbstbetrug. Ihre Augen waren müde und panisch. Sie hasste die Arbeit und war tieftraurig und abgestoßen von der Tätigkeit. Trotzdem tat sie so, als ob sie Spaß hätte. Ich weiß nicht, ob sie sich nur aus Angst vor dem Arbeitsplatzverlust so verstellte oder unbewusst agierte. Rosi war immer freudig! Sie strahlte eine Arbeitsbegeisterung aus, die mich nervte. Ich verdarb ihr regelmäßig die gespielte gute Laune, indem ich bissige Bemerkungen abschoss. Dann zerfiel ihr engagiertes Getue in wütendes Schweigen. Aber letztlich half ich ihr damit, aus der schlechten Situation herauszukommen.

Andere taten genauso zufrieden, doch denen konnte man nicht mehr helfen. Ihre Argumente waren aus Stein: Woanders sei es doch dasselbe, die Spätschicht sei ideal, auf dem Bau müsse man mehr tun und würde krank, bewerben bringe jetzt gar nichts, man habe hier einen sicheren Platz, und so schlecht sei es gar nicht. So redeten sie sich die Hölle schön. Diese Arbeit ist als Einstieg in Ordnung, aber keinesfalls etwas für länger. Doch das verdrängen die langjährigen Billigmalocher. Würden sie offen zugeben, dass sie im Dreck arbeiten, müssten sie auf Dauer etwas ändern. Davor schrecken sie zurück. Ein Typ wie Nikolai wird noch in 30 Jahren durch diesen Betrieb taumeln, obwohl er die Arbeit heute schon sehr hasst. In meiner vorletzten Woche war er so sauer, dass er wie irre rumschrie und mit eiskalten Dingern durch die Halle warf. Eigentlich muss er da raus. Und das weiß er auch. Aber ihm fehlt der Mut zum Ausbruch. Wie ein Drogensüchtiger findet er immer neue Ausreden. Er geht sechs Tage die Woche in diese elende Halle und lässt sich quälen. Er nimmt fast nie Urlaub und prahlt mit den gesparten Tagen. Diese Arbeit macht ihn fertig. Sie saugt ihn aus. Aber er findet sie gut und fehlt nie. Er macht sich etwas vor.

Dieses Phänomen gibt es auch draußen. Viele Menschen reden sich ihre Lage schön. Ganze Gesellschaften finden sich toll, ohne es zu sein. Wie kommt es, dass der Selbstbetrug so mächtig ist? Warum ändert sich nicht alles zum Guten? Jeder Mensch könnte so lange an sich arbeiten, bis wirklich alles passt. Warum tun das nur wenige? Ich glaube, das liegt an fehlender Selbstwertschätzung. Die meisten Leute sind nicht stolz genug. Sie halten sich nicht für berechtigt, ein gutes Leben zu haben. Es fehlt die Eitelkeit. Viele sind bereit, im Dreck zu kriechen. Sie halten sich für wertlos. Man senkt die Ansprüche oder hat gar keine. Man will nur überleben und gibt sich mit ganz wenig zufrieden. Wenn die Grundbedürfnisse befriedigt sind, geben die meisten Menschen das Streben auf. Nur wenige wollen wirklich mehr als das Nötigste. Die Masse ist leicht zufriedenzustellen. Sie lässt sich unterjochen und dirigieren. Sie ist behäbig und redet sich ihre Lage schön. Da kann man nichts machen, ist ihr Lieblingsspruch. Da will ich nichts machen, weil ich zu bequem bin, müsste es eigentlich heißen. Doch so zu reden ist ungemütlich. Das tut man nicht.

Vielleicht fand Rosi die Arbeit erträglich, weil sie vorher Schlimmeres gemacht hat. Die Chinesen bei uns kennen sicher viel härtere Arbeitsplätze. Für die ist unsere

Firma ein Klostergarten. Andere kommen aus Kriegsgebieten und genießen die Sicherheit. Da strebt man nicht mehr nach beruflicher Verwirklichung, sondern freut sich auf einen ruhigen Fernsehabend. Manche haben keinen Schulabschluss und müssen froh sein, überhaupt arbeiten zu dürfen. Vielleicht war ich der Einzige, der da nicht hinpasste. Ich sollte den Leuten dort ihren Frieden lassen. Es ist doch schön, dass sie uns billige Produkte herstellen. Irgendeiner muss es ja tun. Wenn die Billigarbeiter keine Lust mehr haben, gehen in Deutschland die Lichter aus. Also will ich nicht mehr tiefer bohren. Es ist in Ordnung, wenn sie sich ihre Situation schönreden. Den umgekehrten Fall gibt es auch. Und wenn sich reiche Schnösel ihre gute Lage schlechtreden, ist das viel bescheuerter.

Es gibt Fragen, die man nicht stellen sollte. Warum lassen sich die Leute so viel gefallen? Warum rebellieren sie nicht? Wie erklärt man dem Sklaven, dass er ein Sklave ist? Das sind Fragen für Karl Marx und Co. Ich bin sicher, dass sie in Zukunft trotzdem gestellt werden. Ein bisschen Ungleichheit ist o.k., aber wenn die Unterschiede zu groß werden, macht es keinen Spaß mehr. In dieser Firma sind die Leute zufrieden, weil sie Schlimmeres gewohnt sind. Aber wie sieht es in Betrieben aus, wo man Besseres kennt? Sind da auch alle entspannt und guter Dinge? Wenn bei uns überhaupt einer rebelliert, dann sicher nicht die von ganz unten, sondern eher die Leute aus der Mitte. Die Politik weiß das. Deshalb umgarnt sie diese Mitte ganz offiziell. Aber die Mitte verschwindet. Sie spaltet sich in oben und unten. Ein Viertel geht nach oben, drei Viertel fallen runter. Wenn die aus der Mitte Gefallenen zahlreich in die Billigfirmen kommen, wird es wohl einigen Wirbel geben.

Oleg

Oleg ist groß, dunkel und sehr schlank. Er hat feine Gesichtszüge, aufmerksame Augen und eine riesige Klappe. Gleichzeitig ist er ein warmherziger Typ, der so wirkt, als könne er keine Fliege erschlagen. Oleg ist eine Mischung aus hartem Mann und Playboy. Er trägt eine rote Lederjacke mit Aufdruck, Sonnenbrille, schwarze Schuhe. Man meint, die halbe Mafia höre nur auf ihn. Er ist eine schillernde Figur mit Spielschulden und gewaltigem Alkoholkonsum. Er ist immer blank und schnorrt, was das Zeug hält. Wenn er freundlich zu dir ist, will er 20 Euro. Nur für drei Tage, sagt er. Es sind eher drei Leben. Man bekommt selten etwas zurück. 5 Euro gab er mir wieder. 2 schuldet er mir heute noch, aber die schenke ich ihm. Er hat mir oft geholfen. Und er war ein lieber Kerl, mit dem das Arbeiten Spaß machte. Er war friedlich und intelligent. Schade, dass sie ihn rausgeschmissen haben. Nachdem er weg war, fehlte der Arbeit die Fröhlichkeit. Er war wie ein zwitschernder Vogel. Jeder mochte ihn, denn er arbeitete gut und war dabei lustig. Wenn er da war – doch oft war er nicht da. Das häufige Fehlen war auch der Grund für seine Kündigung. Er hat Mitte Dezember Geburtstag. Bei Oleg heißt das, anderthalb Wochen saufen. Doch er hatte nur zwei Tage frei. Das neue Jahr begann er als Arbeitsloser.

Er kannte sich mit den Maschinen aus. Er verstand gut Deutsch, wenn man ihn nicht gerade nach Geld fragte, das man zurückwollte. Nicht verstehen, sagte er dann, obwohl er genau wusste, was los ist, der Hund. Nachdem er weg war, wurden unsere Spinde ausgeraubt. Ganz gezielt wurden Leute beklaut, die mehr Geld hatten als die anderen. Der Dieb musste sie kennen. Und ich glaube, ich kenne den Dieb. Mir hat er nichts geklaut, denn ich benutzte den Spind gar nicht. Erstens war der Gestank abstoßend, und zweitens wäre ich sowieso beklaut worden. Jeder wusste, dass ich relativ reich war. Oleg auch. Hast du eine Zigarette?, fragte er mich oft, denn sein Tabak war billig. Er mochte meine Industriezigaretten lieber. Er muss jede Nacht aufstehen und rauchen. Er kann nicht durchschlafen. Ich schätze, wenn er schon mal wach ist, nimmt er auch gleich noch einen Schluck Cognac. Oleg trinkt keinen Wodka, nur Cognac. Wenn die Russen Schnapsmengen bezeichnen, rechnen sie in Gramm, nicht in Zentiliter. 2 cl sind 20 Gramm. Ich glaube, Oleg rechnet irgendwann in Kilo, denn er ist ein echter Schluckspecht. Bei ihm hat das Wort »Armer Schlucker« eine Berechtigung. Er war eine traurige Figur, aber er nahm es mit Humor. Oleg ist wie eine Katze, die immer auf die Beine fällt. Er schafft es, und wenn nicht, dann eben nicht.

Mir scheißegal, wer bist du, sagte er zum neuen Meister, als der ihn vom Rauchen abhalten wollte und auf seine Position hinwies. Oleg war auf eine nette Art frech. Man konnte ihm nicht wirklich böse sein. Der Meister schon. Er jagte ihn durch die Halle. Es fehlte nur noch die Peitsche. Oleg musste mehr tun als die anderen, weil er sich auskannte und intelligent war. Ihm ging es so wie Boris und mir. Die Gescheiten müssen mehr tun. Die Dummen können sich ausruhen. Ich saß immer mit Oleg und Boris an einem Tisch im Pausenraum. Die beiden sprachen Russisch miteinander. Ich lernte einiges. Russisch fluchen kann ich jetzt schon. Oleg schrie immer *Kurva*, wenn er sich ärgerte. Es bedeutet Schlampe oder Nutte, glaube ich. Ein schönes melodisches Wort, das ideal zu mieser Stimmung passt. Ich verwendete es auch oft. Man kann mit seiner Hilfe viel Leid ertragen. Es ist wie ein Mantra.

Hast du eine Freundin?, fragte ich ihn, weil ich wusste, dass ein paar Mädchen aus der Schicht hinter ihm her waren. Weißt du, ich schon Freundin gehabt, aber immer Geld. Ja ja, Oleg, immer Geld. Und du hast keins. Er wollte sagen, die Freundin stritt sich mit ihm, weil er ihr Geld ausgab, aber das haben wir schon verstanden. Oleg kam an einem Montag in die Schicht und sagte, er habe am Wochenende 400 Euro verballert. Für uns ist das viel. Da steht er dann an einem Spielautomaten und schmeißt einen Wochenlohn rein. Oder er lässt in der Russendisco die Puppen tanzen. Und wenn schon. Wenigstens lebt Oleg. Er ist jung, vielleicht 26 Jahre. Natürlich müssen da die Wände wackeln. Ich verstehe ihn. Ich glaube, in Tadschikistan könnte ich mich wohlfühlen. Oleg war zwei Jahre nicht zu Hause. Er hat Freunde von dort in Deutschland, die fahren jedes Jahr zweimal heim, obwohl sie »sozial« sind, sagt Oleg. Er zeigte mir ein Bild von sich und seiner Freundin aus besseren Tagen. Da lehnen sie an einer Wand in Moskau und lachen froh in die Kamera. Oleg war damals wohlgenährt. Heute ist er nur noch ein Strich in der Landschaft. Ein schönes blondes Mädchen hatte er da im Arm. Und beide sahen sehr glücklich aus. Ich weiß wirklich nicht, warum er hier ist.

Eins fand ich gut an Oleg. Er trug ein weißes Haarnetz und kein Käppi. Die männliche Belegschaft spaltet sich in Käppi- und Haarnetzträger. Ich gehörte zu den Netzleuten. Käppis finde ich blöd. Die sehen nach kleinem Jungen aus, aber das möchte ich nicht vertiefen. Wir berühren hier eine Kulturfrage, bei der man leicht anecken kann. Oleg achtete auf sein Outfit. Er trug Jeans und Ohrstöpsel, schwarze Herrenschuhe und einen komplizierten Bart. Niemals hätte er sich in diesen Idiotendress gesteckt, wie es nur manche trugen, zum Beispiel Rosi und ich. Oleg war eigentlich ein Dressman, ein Model, ein Mann, der sein Geld ganz anders verdienen kann. Aber ich glaube, das weiß er nicht. Und vor lauter Cognac wird er auch nicht draufkommen. Und in 10 Jahren ist er ein gebrochenes Wrack. Bestimmt dreht er krumme Dinger. Aber das muss er auch. Oleg braucht Geld. Und er ist nicht der Typ, den ein seriöser bayerischer Familienbetrieb unbefristet einstellt. Dem Richter, vor dem Oleg einmal stehen wird, wünsche ich Verständnis für diesen Kerl, der einfach leben will. Oleg ist hilfsbereit und freundlich. Ein kleiner, sympathischer Gangster, der die Welt schöner und lebenswerter macht.

Musik

Es klingt vielleicht komisch, aber ich muss über Musik und meine Arbeit schreiben. Böse Menschen haben keine Lieder, heißt es. Also sind gute Menschen ständig in Begleitung vieler Melodien. Und das ändert sich auch nicht, wenn man den Arbeitplatz wechselt. In der Billigfabrik war alles so grau und eintönig, dass ich mich gut an die Begleitmusik erinnere. Zur Arbeit musste ich mit dem Auto fahren. Wir hatten damals noch unseren Clio mit Kassettendeck. Also hörte ich alte Kassetten. Ich begann mit *Velvet Underground*. Lou Reed ist cool. Seine Stimme ist schneidend und frech, er wirkt mutig und trotzig, intelligent und schnodderig. Wenn er singt, dass er sich beim Setzen der Heroinspritze wie ein Mann fühlt, bin ich jedes Mal beeindruckt. Schön, dass es ihn heute noch gibt. Er verträgt eine Menge. Seine Gesundheit ist beneidenswert. Bei den Liedern seiner Freundin Nico spulte ich immer weiter. Die Frau kann nicht singen. Sie ist so schlecht, wie er gut ist. Aber es stärkt den Erfolg, wenn zwei Zielgruppen bedient werden. Am besten gefällt mir *Choose again*. Aber die ganze Scheibe ist klasse. Ich hörte sie etwa drei Monate. Einmal schickte man mich nach einer Stunde heim, weil es zu wenig Arbeit gab. Im Auto drehte ich *Heroin* auf volle Lautstärke. Danach hatte ich Kopfweh, aber es ging mir besser.

Dann kamen *Guns N' Roses*. *Use your Illusion* eins und zwei, glaube ich. Da ist *November Rain* drauf. Ich musste weinen, als ich es zum ersten Mal seit vielen Jahren wieder hörte. *Koma* ist drauf und *Paradise City* leider nicht. Eigentlich eher eine Country Band. Aber ich fuhr immer übers Land und hörte die Kassette ebenfalls drei lange Monate, und in der Firma schwebten mir dauernd ihre Melodien durch die Birne. Manchmal sang ich sie laut vor mich hin. Die Kollegen mussten mich für verrückt halten. Und wahrscheinlich hatten sie recht.

Dann folgten die *Toten Hosen*, *Eric Burdon* und *Sonic Youth*. Das war die Mannschaft. Mehr hörte ich in diesem Jahr nicht. Nur vier Kassetten. Ich saß etwa 200 Stunden im Auto. Das heißt, ich hörte jede Kassette im Schnitt 50 Stunden lang. Erstaunlich, wie viel Spaß man mit einem Tonträger haben kann. Damit ich so viel Zeit mit einem Buch verbringe, muss es schon sehr dick sein. Bei einer Kassette genügen ein paar gute Lieder. Das ist fies. Ich sollte die Branche wechseln und Musiker werden.

Wenn früher in Propagandafilmen Menschen bei der Arbeit gezeigt wurden, pfiffen oder sangen sie oft. Daran ist nichts Falsches. Es hilft wirklich, den monotonen Arbeitstag mit Musik aufzupeppen. So ein Fließband hat einen Rhythmus, dem man eine Melodie anpassen kann. Jede Maschine arbeitet im Takt. Dazu passt immer ein Song. Die Stilrichtung *Techno* stammt direkt aus der Fabrik. Wenn bei uns alle Maschinen laufen, herrscht unglaublicher Krach. Da hilft man sich mit innerem Gesang. Ich glaube, Musik hat ihre Wurzeln in der Arbeit. Sie entsteht aus monotoner, rhythmischer Anstrengung, Arbeitsgeräuschen, Langeweile und Phantasie. Wäre ich Komponist, könnte ich in einer dröhnenden Fabrikhalle meine besten Stücke entwerfen.

Dynamik

Man kommt sich sehr gescheit vor, wenn man ein Buch schreiben darf. Heute vor einem Jahr wusste ich noch nichts davon. Da hatte ich vor lauter Zukunftssorgen gewaltige Kreuzschmerzen. Ich trug eine Schürze mit Brandloch. An meiner Hose hingen Teigklumpen, mein T-Shirt war in den Achseln hart und schwarz. Ich wog sechs Kilo weniger. Vor Müdigkeit schnitt ich mir mehrmals in die Hand. Meine Schläfen waren grau. Heute trinke ich in aller Ruhe Kaffee und tippe meine Zeilen. Das nenne ich die Dynamik des Lebens. Schnell können sich die Dinge ändern. Das Blatt kann sich wenden. Plötzlich geht es dir viel besser. Auf einmal bist du am Ziel. Das kann schnell gehen. Aufstieg und Fall gehören dazu. Gestern Billigmalocher, heute Buchautor. Für mich ist ein Traum wahr geworden. Und das kann jedem passieren.

Nikolai möchte Schauspieler werden. Er geht nach Amerika und grüßt uns von der Leinwand. Kairi will zurück nach Thailand. Sie gewinnt die Liebe eines reichen Mannes, der sie nach Hause bringt. Rosi baut sich ein herrliches Regal für 3000 DVDs. Hannelore trifft einen Prinzen, der sie aus der Firma holt, ihr eine Erholungskur bezahlt und sie dann zärtlich entjungfert. Khaled, Maher, Malik und Ali gehen wieder zu ihren Familien, weil der Krieg endlich vorbei ist. Im Irak ist es viel schöner für die Jungs. Das Wetter ist wärmer, das Essen schmeckt besser, und die Leute sind freundlicher, sprechen ihre Sprache und trinken kein Bier, sondern Limo und Tee. Träume können wahr werden. Das kann ich bezeugen.

Unsere Sehnsucht geht oft weit über das Käufliche

hinaus. Wir wünschen uns Liebe und Freiheit, Geborgenheit und Wärme, Heimat und Freunde. Vielleicht sollten wir die Menschen in diesen Betrieben nicht nur als Billigarbeiter, prekär Beschäftigte und Angehörige der Unterschicht sehen, sondern auch als Personen, die Träume haben. Es spielt keine Rolle, ob ich im Management eines Großbetriebs oder als Palettenzieher in einer Fabrik arbeite. Immer werde ich Wünsche haben. Auch der reichste Mann der Welt hat noch welche. Darin sind wir alle gleich. Träume, Wünsche und Sehnsüchte verbinden die Menschheit. Im Kino arbeitet man mit diesen Träumen. Hollywood ist eine Macht. Doch manchmal verzerrt es unsere Sichtweise. Den Arbeiter sehen wir immer nur als vierschrötigen, grobschlächtigen Kerl, dessen Leben schnell erzählt ist. Aber über jeden Einzelnen von ihnen könnte man 1000 Seiten schreiben. Alle in dieser Firma haben ihre Geschichten. Und ich darf ein paar Krümel davon veröffentlichen. Das ist ein Privileg. Das kann einem in den Kopf steigen. Da kann man abheben. Und warum auch nicht? Fliegen macht Spaß. Die Landung kommt früh genug.

Denn natürlich geht die Reise nicht immer nur bergauf. Man steigt auch mal ab. Dann erinnert man sich an bessere Zeiten. Weißt du noch, damals in Ägypten, sagt der 94-Jährige am Grab seiner Frau. Heute ist man reich und morgen wieder Teigmischer oder Barmixer, Toilettenmann oder Autowäscher. Ist das schlimm? Die Jungs in der Firma hatten bessere und schlechtere Zeiten. Ein alter Russe erzählte, er habe für seinen Sohn über Jahrzehnte gespart, am Ende konnte er ihm davon eine Schachtel Zigaretten kaufen. Bobo ist jetzt in Frankfurt als Koch in einem China-Restaurant. Da verdient er mehr, und Frankfurt ist geiler. Wenn er genug Kohle hat, will er wieder nach Korea. Dort sei das neue Thailand, was den käuflichen Sex angeht. Man könne sich in Seoul für 200 Euro einen Riesenpenis kaufen. Mit Implantaten wird man zum echten Supermann. Ein Freund von ihm hat sich so ein Ding machen lassen. Damit besorgte er es drei Frauen hintereinander. Auch das sind Träume. Aber noch ist Bobo in Deutschland. Da lacht man ihn für so einen Quatsch aus. Bobo macht hier die Hölle durch. In Europa ist zwar alles sicher und geordnet, aber hier ist einfach nichts los. Die große Party steigt in Asien. Hier herrscht pure Langeweile.

Die Deutschen mögen Ruhe. Man hat sich daran gewöhnt, dass alles in geordneten Bahnen abläuft, dass das Leben ein langer ruhiger Fluss ist. Aber der Fluss fließt jetzt viel schneller. Die Globalisierung wirbelt auch bei uns die Lebensläufe durcheinander. Gebrochene Biographien waren früher ein Unding, heute sind sie die Regel. Es ist normal, arbeitslos zu werden, seinen Job zu wechseln, in eine andere Stadt zu ziehen. Und das Wirbeln geht über das Berufliche hinaus. Immer mehr Ehen werden geschieden. Menschen verändern sich auch äußerlich. Fast jeder ist tätowiert. Für europäische Verhältnisse ist bei uns viel los. Aber Bobo langweilt sich trotzdem.

Das Auf und Ab hat sich bei uns breitgemacht. Wenn wir über die Gesellschaft reden, müssen wir diese Dynamik immer mitdenken. An der Oberfläche gibt es keine festen Strukturen, die ewig gleich bleiben, weil das wissenschaftlich praktisch ist. Die Gesellschaft bewegt sich. Sie ist lebendig. Sie pulsiert. Sie atmet ein und aus. Ständig stirbt Altes ab. Dauernd entsteht Neues. Jedes einzelne Leben schillert in 1000 Facetten. Es gibt nicht den einen Arbeiter, den einen Manager, den einen Politiker. Wir sind alle Menschen, die heute dies und morgen das tun. Wer mit 15 noch seinen Eltern beim Saufen zusieht, kann mit 16 schon Topmodel oder Superstar sein. Der erfolgreiche Frankfurter Broker, der heute Würstchen verkauft, kennt auch die Gegenrichtung.

Es fehlt die Sicherheit, die Gewissheit, die Kontinuität. Das Leben ist wilder geworden. Und diese Tendenz verstärkt sich. Die Menschen werden sich daran gewöhnen müssen, dass morgen schon alles vorbei sein kann. Man wird deshalb mehr in der Gegenwart leben. Heute sind wir jung. Heute feiern wir. Das Morgen ist uns egal. Vielleicht ist diese Entwicklung gar nicht so schlecht. Das gezielte Karrieremachen ist ohnehin ein ödes Spiel. Auslandspraktika und soziales Engagement, Sprach- und Computerkenntnisse sind eben doch nur die halbe Miete. Es ist begrüßenswert, wenn auch Dinge eine Rolle spielen, die Papi nicht kaufen kann.

Ich wollte mir ein neues Ziel setzen. Jetzt bin ich Schriftsteller. Ich dachte, man könnte ja mal reich werden. Das sagte ich meinem Freund Peter, doch der antwortete: Reich sein ist out. Ich lachte ihn aus. Zwei Wochen lang lachte ich, aber jetzt weiß ich, dass er recht hat. Reich sein ist wirklich out. Wenn ich sage, die Sicherheit verschwindet, alles wird unberechenbarer und wilder, überall wirbelt das Leben, dann heißt das nichts anderes, als dass das Geld seine Macht verloren hat. Es war ja immer nur das Geld, das diese Sicherheit ermöglicht hat. In der Finanzkrise lernten wir die Milliarde als neue Zähleinheit kennen. Für 1 Milliarde Euro muss ich in der Firma 60 000 Jahre arbeiten. So alt werde ich gar nicht. So alt ist noch nicht mal die Menschheit. Das bedeutet, dass Geld irreal geworden ist. Aus Geld wurde Spielgeld. Aber wirklich wichtig ist immer nur das Echte: Vater und Mutter, Verwandtschaft, Freunde, Ehre, Liebe, Fleiß, Ehrlichkeit,

Treue, Mut. Der Flitterkram aus Perlen und bunten Scheinen ist out. Bald könnten auch Investmentbanker erfahren, wie sich echte Arbeit anfühlt.

Ich habe die Angewohnheit, Tage und Wochen zu zählen, bis der nächste Lebensabschnitt beginnt. In der Firma wusste ich immer, wie viele Tage es noch sind. Manchmal rechnete ich mir die Zeit auf eine einzige Stunde um. Irgendwann war ein Tag zwei Minuten. Dann hörte ich damit auf, weil mir das zu verrückt schien. Außerdem hätte ich sowieso jederzeit gehen können. Damit komme ich zu einer wichtigen Frage: Wie verlässt man so eine Fabrik? Viele wüssten das gerne. Ganz einfach: Man geht. Auf Wiedersehen. Und dann fährt man nie mehr hin. Das Leben geht trotzdem weiter.

Wenn eine Situation anfängt zu nerven, kann man sie beenden. Mein Vater regte sich über das Fernsehprogramm auf. Mein Opa sagte, schalt doch aus. Es gibt einen Knopf, auf den man drücken kann. Und den gibt es überall. Auch auf der Arbeit. Auch in dieser Firma. Auch in diesem Buch über diese Firma. Wir wissen jetzt genug. Wer zusammengeschlagen wurde, wer plötzlich gestorben ist, wer sich die Füße verätzt hat, wer einen Finger verlor, interessiert uns nicht mehr. Eine Firma wie diese betritt man nicht wirklich gerne. Man geht nur rein, wenn man muss. Und wenn man nicht mehr muss, lässt man es auch. Ich habe vor sechs Monaten meinen letzten Arbeitstag da drin abgeleistet. Jetzt ist Schluss. Ich gehe zum Drehkreuz, drücke auf »geht«. Unten kurz aufs Klo. Dann raus an die frische Luft. Es duftet nach Frühling. Ich setze mich ins Auto, höre *Wünsch dir was* von den *Toten Hosen* und fahre endlich nach Hause.

Die Mauer ist weg

Ich darf meine Erlebnisse zu einem Buch verarbeiten. Das macht mehr Spaß als Fließbandarbeit, ich habe viel mehr Freiheit. Die Maschine, die ich jetzt bediene, funktioniert, kaum einer redet mir rein, ich kann meine Arbeitszeit selbst bestimmen, und wenn ich auf die Toilette gehe, muss ich nicht mehr abstempeln. Ich brauche keine Ablösung, wenn ich eine rauchen möchte. Und ich gehe an die frische Luft, wenn mir danach ist. Ich fahre nach München, ich lese Zeitung, ich sehe fern. Ich bin ganz und gar frei und bekomme trotzdem so viel Geld wie vorher. Das ist sehr komfortabel, und sicher werden mich manche darum beneiden. Vielleicht werfen sie mir Verrat vor, weil ich über diese Firma geschrieben habe. Oder sie klagen mich an, weil ich nur aufs Geld aus bin und diese bequeme Situation bewusst angestrebt habe. Vielleicht nennen sie mich einen Faulpelz, der diese harte Arbeit in der Firma gar nicht machen will und deshalb geflohen ist. Das alles trifft zu. Ich habe mich nicht um diese Arbeit gerissen. Und ich bin froh, dass ich sie nicht mehr machen muss. Jeder in der Firma wäre froh, wenn er endlich frei wäre. Aber nur wenige versuchen wirklich zu fliehen.

In meiner Jugend habe ich mehrmals das Buch *Papillon* gelesen. Darin flieht ein Gefangener immer wieder. Im Gefängnis hat er nur einen Gedanken. Wie komme ich hier raus?, fragt er sich. Die ganze Zeit. Bis er wirklich draußen ist. Bis er es endlich geschafft hat. Vorher gibt er keine Ruhe. Sie sperren ihn wieder ein, und das Spiel beginnt von vorne. Er denkt immer nur an die Flucht. Bis zu seinem Tod. Dieses Buch hat mich sehr beeindruckt. Und vielleicht bin ich auch so einer, der alle Mittel einsetzt, um vor dem drückenden Schicksal zu fliehen, um eben nicht ein Leben lang Teigballen zu heben und vom Chef angebrüllt zu werden. Ich wollte unbedingt raus. Vielleicht wirft man mir jetzt vor, dass ich es geschafft habe.

Ich möchte mich mit der Frage beschäftigen, ob es etwas Schändliches ist, wenn man aus der Sklaverei flieht. Und ich will über die Freiheit nachdenken. Ich will wissen, was mit denen ist, die im Käfig bleiben, obwohl die Tür offen steht. Ich möchte wissen, ob der Starke einfach gehen darf oder ob er die anderen mitnehmen muss. Ich will herausfinden, ob man überhaupt den Käfig verlassen muss, ob das ein Zwang ist. Vielen Leuten gefällt es vielleicht in diesem Käfig ganz gut. Warum sollen sie nicht drinbleiben, wenn sie möchten? Schließlich will ich wissen, ob wir in einer gerechten Gesellschaft leben. Was ist überhaupt Gerechtigkeit? Wissen wir das heute noch?

Das sind philosophische Fragen. Ich bin zwar Soziologe, aber ich muss zugeben, dass ich auch aus der Soziologie geflohen bin. Nach meinem Studium habe ich einige philosophische Bücher gelesen und dort die Antworten gefunden, die mir die Soziologie nicht bieten konnte. In der Soziologie fand ich nur die Feldforscher interessant. Und jetzt bin ich selber einer. Jeder kann übrigens Feldforscher werden. Alles hängt davon ab, wie eine Situation definiert wird. Das sagt der Soziologe W. I. Thomas. Mit diesem Thomas-Theorem kann man etwas anfangen. Es ist eine Rosine der Soziologie. Aber viele Rosinen habe ich in der Soziologie nicht gefunden. Das Fach fühlt sich dem armen und unterdrückten Leben verpflichtet, und deshalb sieht seine Küche auch ärmlich aus: viel Brot, wenig Wurst, kaum Filet, selten Rosinen.

Trotzdem hat die Soziologie einen immensen Einfluss

auf das Denken der Menschen hierzulande. Die siebziger Jahre standen voll im Bann dieser Wissenschaft, und ich bin ein Kind dieser Zeit und dieses Denkens. Ich studierte Soziologie, weil ich etwas Soziales machen wollte. Sozial muss man sein, dachte ich. Sozial war der Inbegriff des Guten. Deswegen waren auch die Sozialdemokraten die besseren Menschen, und die von der Union waren die bösen, unsozialen, kalten Ausbeuter. Die Sozialdemokraten standen auf der Seite der kleinen Leute, sie vertraten die Arbeitnehmer, deshalb waren sie gut. Die Union war für die Arbeitgeber, für die Bonzen und die feisten Provinzler. Helmut Kohl war unser idealer Feind. Rot-Grün war die Erlösung. Die Grünen waren noch besser als die Roten, weil sie auch noch für die Natur waren und für die Tiere. Besser ging es nicht. Rot-Grün war für uns die absolute moralische Instanz. Noch heute wähle ich Rot oder Grün, weil mich die Macht dieses Denkens regelmäßig in der Wahlkabine überfällt. Ich kann noch nicht anders wählen. Aber die Vernunft sagt mir, dass mit dem linken Weltbild etwas nicht stimmt. Und ich will aufschreiben, was mich daran stört.

Die Roten und die Grünen bevorzugen die kleinen Leute. Das ist schön. Aber was ist mit den Großen? Was ist, wenn man nicht klein bleiben will? Was ist mit denen, die fliegen wollen und nicht kriechen? Darauf konnte mir die Soziologie keine Antwort geben. Der erste Philosoph, den ich nach meinem Studium intensiv las, war Friedrich Nietzsche. Er spricht zu den Menschen, die besser werden möchten, die über sich hinauswachsen wollen. Deswegen waren seine Bücher in der DDR verboten. Denn im Sozialismus müssen alle Menschen klein und arm bleiben. Die Roten und die Grünen tendieren auch zu dieser Idee, dass alle klein bleiben sollen und Reichtum etwas Schlechtes ist. In weiten Teilen ist auch die Soziologie diesem Denken verbunden: Scheitern ist gut. Erfolg ist verdächtig. Wenn alle arm sind, kann niemand meckern. Arm an Geld und arm an Geist. Mit diesem Ideal bin ich aufgewachsen. Aber heute denke ich anders.

Es ist mir klar, dass ich mit einigen Sätzen dieses Kapitels Gefühle verletzen werde, aber das ist es mir wert. Mir ist die Freiheit lieber als die Gleichheit, und zur Freiheit gehört Ungleichheit. Stellen wir uns die DDR als Käfig vor. Solange die Mauer stand, waren alle Menschen gleich. Dann fiel die Mauer. Die Käfigtür steht offen. Viele Menschen gehen und werden reich. Die anderen bleiben im Käfig. Die Tür steht offen, aber sie bleiben drin. Sie bleiben arm. Und es gibt wieder Arme und Reiche. Die soziale Schere öffnet sich. Die Ungleichheit nimmt zu. Der Klassenkampf kehrt zurück. Jetzt muss man wissen, auf welcher Seite man steht. Das fällt mir schwer. Bin ich für die Reichen, oder bin ich für die Armen? Ich will für beide sein, aber ich glaube, das geht nicht. Man muss sich entscheiden. Und ich bin entscheidungsschwach. Ich bin unentschlossen. So wie mir geht es vielen in meiner Generation. Wir wollen reich sein, aber nicht böse. Wir wollen gute Menschen sein und trotzdem genug Geld auf dem Konto haben. Aber irgendwie klappt das nicht ganz. Denn nur die harten Hunde kriegen den Erfolg. Die Entschlossenen und Entscheidungsstarken. Wir sind nicht so und wollen auch nicht so sein, so angepasst und stromlinienförmig. Wir versuchen in der Mitte zu bleiben. Wir wollen die Balance halten. Wir wollen weder arm noch reich sein, wir wollen einfach mittelmäßig sein, durchschnittlich. So wie früher. Aber das geht nicht. Denn die Mitte verschwindet. Weil die Mauer wirklich gefallen ist. Sie ist weg. Tatsächlich.

Die Mauer fiel, weil einige Menschen in der DDR nicht klein und arm bleiben wollten. Sie wollten mehr. Sie wollten raus. Sie wollten frei sein und sich entfalten. Das haben sie geschafft. Sie drückten gegen diese Mauer, bis sie fiel. Solche Leute wurden in der DDR als Klassenfeinde verachtet und oft eingesperrt. Aber den menschlichen Freiheitsdrang halten keine Ketten und keine Mauern. Deshalb funktioniert der Sozialismus nicht. Manche Menschen wollen wachsen. Die Menschen sind nicht gleich, sondern verschieden. Deshalb kann kein System funktionieren, das davon ausgeht, dass alle Menschen gleich sind. Ein gleichmachendes System passt nicht zu den Menschen. Es ist wie ein schlechtsitzendes Kleid, das bei der geringsten Bewegung reißt. Den Sozialismus in seinem Lauf hält weder Ochs noch Esel auf. Das sagte Erich Honecker. Aber er hat sich getäuscht. Der Sozialismus ist über die eigenen Füße gestolpert, weil er sich nicht an den Menschen angepasst hat, sondern weil er den Menschen verändern wollte. Der Sozialismus wollte den neuen Menschen. Aber das ist, als ob man eine neue Erde will. Es gibt nur diese eine Erde, und es gibt nur diesen einen Menschen. Das muss man einsehen. Das Ansinnen des Sozialismus ist zum Scheitern verurteilt, weil seine Grundannahmen falsch sind. Man kann diese Welt und ihre Gesetze nicht einfach beliebig verändern. Karl Marx fordert das zwar, aber er bekommt es nicht. Man muss sich an die Spielregeln halten, weil man sonst verliert. Als die Mauer fiel, hat der Sozialismus verloren. Er hatte keine Chance.

Sind die Menschen, die aus dem Käfig fliehen wollen, böse? Ist es etwas Schändliches, wenn man frei sein will, wenn man wachsen will, wenn man seine Träume verwirklichen will? Man hat den Ostdeutschen vorgeworfen, dass sie nur aufs Geld aus waren, auf die Bananen und die Kokosnüsse. Na und? Was ist falsch daran, eine Banane zu wollen? Warum soll ich immer nur deutsche Äpfel essen, wenn ich eine Banane haben kann? Mit der Banane fängt es an. Erst wollen die Leute Bananen, dann einen Mercedes, dann wollen sie in die Dominikanische Republik und am Ende noch Superstar bei Dieter Bohlen werden. So ist der Mensch. Muss er sich deswegen schämen? Muss man sich schämen, ein Mensch zu sein? Menschen mögen Fleisch. Dafür töten sie Tiere. Ist das schlecht? Ist das böse? Menschen leben gerne in großen Städten. Dafür roden sie Wälder. Dafür betonieren sie die Natur. Ist das ein Verbrechen? Wenn man heute den Grünen und der SPD zuhört, bekommt man den Eindruck, es sei wirklich eines. Immer klein bleiben, immer brav, immer gleich, so wie die anderen, immer korrekt, immer gut sein, niemals mehr wollen, keine Träume. Ich finde die freiheitsliebenden Menschen überhaupt nicht böse. Ganz im Gegenteil, ich mag sie gerne. Denn ich bin selber einer. Ich war in dieser Firma, weil es nicht anders ging. Die Firma war mein Käfig. Und ich kann sicher sagen: Einen solchen Käfig würde ich nie im Leben auf Dauer akzeptieren. Ich würde immer versuchen, irgendwie rauszukommen. Und diesen Drang nach einem besseren Leben lasse ich mir nicht nehmen. Denn dieser Drang ist menschlich. Und der Mensch ist gut und nicht schlecht.

Kann man dem Panther im Käfig vorwerfen, dass er rauswill? Ist er noch ein Panther, wenn er nicht mehr rauswill, wenn er ruhig und träge in der Ecke liegt? Auch dann ist er noch ein Panther, aber ein domestizierter. Er hat sich ans Eingesperrtsein gewöhnt. Er will nicht mehr raus. Er ist ein Käfigpanther geworden. Der Sozialismus will den Menschen an den Käfig gewöhnen. Er will ihn domestizieren. Wenn der Panther nicht mehr wild ist, kann er nicht mehr schnell laufen. Er kann nicht mehr jagen, er muss vom Zoowärter versorgt werden. Er hat seine Fähigkeit zu überleben verloren. Und wenn alle Menschen träge zu Hause auf der Couch liegen, verlieren auch sie ihre Fähigkeiten und sind auf Versorgung angewiesen. Aber wer soll sie versorgen, wenn alle gleich sind? Es muss also immer Leute geben, die noch in der Lage sind, andere zu versorgen. Diese Menschen müssen in gewisser Weise wild bleiben. Da sie Menschen sind, bewegen sie sich in den Schranken der Zivilisation. Sie machen ihre Beute auf menschliche Art. Sie machen Geschäfte. Sie suchen ihr Glück. Sie machen Karriere. Sie werden erfolgreich. Aber nur weil sie sich einen Teil ihrer Wildheit bewahrt haben und frei sein wollen. Ein Staat, in dem solche Menschen unterdrückt werden, muss irgendwann an der eigenen Schwäche zu Grunde gehen. Das ist der DDR passiert. Und damit sollte klar sein, dass ich kein Freund des Sozialismus bin. Früher dachte ich anders, aber da war ich noch jung.

Winston Churchill sagte: Wer als Jugendlicher kein Kommunist ist, hat kein Herz. Wer es als Erwachsener immer noch ist, hat keinen Verstand. Ich bin ein jugendlicher 38-Jähriger. Mein Herz schlägt noch. Ich arbeite nicht nur mit dem Verstand. Die Verhältnisse in dieser Firma sind drastisch. Ich weiß nicht, ob es in anderen Firmen auch so abläuft, aber ich glaube schon, dass es allen Arbeitern ziemlich ähnlich geht. Sie haben alle einen Chef, sie arbeiten an Maschinen, sie müssen abstempeln und funktionieren. Sie teilen ein ähnliches Los, und das ist sicher kein leichtes. Ich habe natürlich gut reden mit meiner gutverdienenden Frau und meinem Akademikervater, der mir ein Studium ermöglicht hat, allein dadurch, dass er Akademiker war. Finanziell bin ich abgesichert. Ich bin relativ gesund und einigermaßen intelligent, ich kann lesen und schreiben, ich habe ein Auto, ich kenne die Spielregeln. Ich schwebte in die Firma ein und schwebte wieder raus, weil ich eben mal Geld brauchte. Ich bin privilegiert. Und das war ich schon von Geburt an. Ist es da ein Wunder, dass auch ich letztendlich oben ankomme, praktisch da, wo ich hingehöre? Ich bilde mir ein, stark, gut und gebildet zu sein, dabei bin ich nur bessergestellt und begünstigt. Ich habe meinen Platz auf dem Sonnendeck. Aber was ist mit den anderen? Wenn die Großeltern schon von Sozialhilfe gelebt haben oder einfache Bauern in Anatolien waren, dann ist der Job in dieser Fabrik ein Aufstieg. Solche Leute empfinden Stolz, wenn sie sich dort behaupten können. Die wollen nicht raus, die sehen die Firma nicht als Käfig, aus dem man fliehen muss. Für die bin ich ein arroganter Schnösel, der sich für etwas Besseres hält und gar nicht wirklich weiß, wie es ist, wenn man nichts hat.

Ich wäre ein Unmensch, wenn ich den Armen einfach im Regen stehen ließe. Es gibt so etwas wie Verantwortung. Der Reiche und Privilegierte kann die Gesellschaft nicht verlassen. Er kann sich nicht im 42. Stockwerk verstecken und nur mit dem Hubschrauber über den Dingen des Alltags schweben. Wenn er es doch tut, verletzt und verspottet er den Armen. Dann stellt er den sozialen Zusammenhalt infrage, er kündigt den Sozialvertrag und muss mit Wut, Zorn und Aufstand rechnen. Damit ist niemandem geholfen. Ein Staat, in dem die Revolution kocht, in dem es Bürgerkrieg und Unruhe gibt, wird insgesamt schwach. Aber was ist, wenn die Reichen sich immer mehr aus der Verantwortung stehlen? Wenn die soziale Kluft zu groß wird, wenn ein Manager in einem

Monat so viel verdient wie ein Arbeiter im ganzen Leben? Ist Ruhe dann auch noch Bürgerpflicht? Oder ist den Armen dann vielleicht ganz egal, was ihre Pflicht ist und was nicht, weil sie Hunger haben und Essen brauchen? Auch wenn die Mauer gefallen ist und die Käfigtüre offen steht, müssen die Starken Maß halten. Sie dürfen gehen, sie dürfen sich entfalten und reich werden und berühmt und gut gekleidet. Aber sie dürfen nicht vergessen, wo sie herkommen. Es gibt eine Blume, die heißt Vergissmeinnicht. Diese Blume sollten sich die Aufsteiger, Streber und Erfolgstypen ans mentale Revers heften, damit sie wirklich niemals vergessen, dass sie nicht alleine sind auf dieser Welt.

So schließt sich der Kreis. Die Menschen sind ungleich, sie lassen sich nicht lange einmauern, aber der Freiheitsdrang darf die Grenzen des Anstands nicht überschreiten, weil sonst der Staat zerbricht. Solange die Menschen in Staaten leben wollen, solange sie zusammenarbeiten und Gesellschaft pflegen, werden sie diese Regeln beachten müssen. Weder ein völlig gleich machender Sozialismus noch ein brachialer zügelloser Kapitalismus kann auf Dauer funktionieren. Das deutsche Modell der sozialen Marktwirtschaft hat diesen Zusammenhang begriffen. Es ist ein Erfolgsmodell, dem Deutschland seine gute Position verdankt.

Ich war in dieser Firma, und sie hat mir nicht gut gefallen. Die Situation dort empfand ich als unerträglich. Deshalb wollte ich ausbrechen. Und das habe ich geschafft. In der Firma gibt es aber auch Leute, die die Situation dort gar nicht so schlecht finden, denen es da drinnen sogar gefällt. Es gibt eben Menschen, die mit einem Los zufrieden sind, das andere schrecklich finden. Daraus ergeben sich Fragen. Was ist mit denen, die im Käfig bleiben, obwohl die Tür offen ist? Müssen sie raus? Gibt es eine Pflicht, den Käfig zu verlassen? Müssen alle Menschen reich, stark, frei und gebildet sein? Als Helmut Schelsky in den fünfziger Jahren seine Theorie von der nivellierten Mittelstandsgesellschaft aufstellte, hatte er recht. Damals war die soziale Kluft in Deutschland nicht so groß wie heute, die Menschen waren relativ gleich, weil die Mauer noch stand. Aber heute gibt es diese Mauer nicht mehr. Die Ungleichheit nimmt immer mehr zu. Denn viele gehen und entwickeln sich. Zurück bleibt der Rest. Man sagt, wer heute noch in Regionen bleibt, die 20 Prozent Arbeitslosigkeit aufweisen, und nicht nach München oder Frankfurt geht, um endlich Arbeit zu finden, der gehört zu diesem Rest. Und ich frage, ob man denn nicht zum Rest gehören darf, ob es etwas Schlechtes ist zurückzubleiben.

In einer wirklich freien Gesellschaft darf man auch arm bleiben. Man darf zurückbleiben. Nicht jeder muss bis zum Zusammenbruch dem Geld hinterherhecheln. Viele Menschen wollen gar nicht reich werden. Vielen gefällt ein einfaches Leben in der Natur. Es gibt auch andere erstrebenswerte Ziele als ein dickes Konto. Nicht jeder muss im Armani-Anzug nach Dior duften. Warum kann man nicht akzeptieren, dass Menschen verschieden sind? Wir leben immer mehr in multikulturellen Zusammenhängen. Wir werden ständig dazu aufgerufen, Moscheen und andere Hautfarben in Deutschland zu akzeptieren. Warum ist es dann so schwer, auch verschiedene Schichtzugehörigkeiten zu akzeptieren? Es müssen nicht alle gleich aussehen, natürlich nicht, und ich finde, es müssen auch nicht alle ungefähr gleich reich oder gleich arm sein. In einer freien Gesellschaft muss überhaupt nicht alles gleich sein. Da kann jeder so leben, wie er es für richtig hält, solange er die Gesetze achtet. Ein deutscher König empfahl einmal, dass hier jeder nach seiner Façon glücklich werden soll. Und wenn einer arm bleiben will, sollte man ihn nicht ständig mit Besorgnis demütigen. Es ist kein Makel, arm zu sein. Das war es noch nie.

Vielen Menschen fällt es außerordentlich schwer, Ungleichheit zu akzeptieren. Ich bin sicher, dass ich mit meinen Sätzen Widerspruch provozieren werde. Denn es gehört sich nicht, soziale Ungleichheit zu rechtfertigen. Es gehört sich aber, das zu schreiben, was man für wahr hält. Und das tue ich. Wenn wir in einer freien Gesellschaft leben, wird es immer Menschen geben, die diese Freiheit nutzen und aufsteigen. Und es wird immer Menschen geben, die diese Freiheit nicht nutzen und nicht aufsteigen. Man kann weder die Gewinner noch die Verlierer abschaffen, solange man die Freiheit zulässt. Man kann dafür sorgen, dass es den Verlierern möglichst gutgeht und dass die Gewinner nicht über den Wolken schweben. Doch solange wir dieses Spiel der Freiheit spielen, wird es oben und unten geben. Beide Parteien sollten sich fair verhalten. Und man sollte dafür sorgen, dass wirklich jeder gewinnen kann, dass die Regeln gerecht sind und dass diese Regeln überall bekannt sind.

Den Verlierer zu bedauern ist sentimental. Dagegen sind wir aber nicht gefeit. Wir empfinden Mitleid, wenn wir hören und sehen, wie es ist, ein Verlierer zu sein. Wir wollen dann, dass es einfach allen Menschen gutgeht, dass niemand leiden muss. Lange habe ich selber so gedacht, weil ich so großes Mitleid mit den Armen und Gestrauchelten empfand. Deshalb habe ich Soziologie studiert. Das ganze Fach ist auf diesem Gefühl aufgebaut. Und daran ist nichts Falsches: Mitleid zu empfinden ist ein menschlicher Zug. Leid und Grausamkeit abschaffen zu wollen ist etwas Edles. Schließlich will man ein guter Mensch sein und kein schlechter. Wenn ich an die Leute in meiner Firma denke, weiß ich, dass sie ein schweres Los haben, aber ich weiß auch, dass ihnen nicht damit geholfen wäre, wenn diese Firma geschlossen würde. Es ginge den Leuten nicht besser, wenn sie zu Hause von Hartz IV lebten. Auch dann nicht, wenn der Hartz-IV-Satz dreimal so hoch wäre wie heute. Es ist schwere Arbeit, und der Lohn ist gering, die Arbeitszeiten sind fürchterlich und die Anstrengung immens, aber diese Menschen versorgen sich selbst. Sie leben nicht vom Staat, sie müssen nicht versorgt werden wie kleine Kinder. Und deshalb sind sie trotz allem glücklich und selbstbewusst. Weil sie sich ihre Menschenwürde bewahren und für ihr Brot arbeiten. Ganz egal, wie hart. Sie sind niemandem etwas schuldig. Sie nehmen teil am Spiel der Freiheit. Sie sind unten, aber sie spielen mit. Sie sind keine Ausgeschlossenen. Deshalb soll man diese Menschen nicht bedauern, sondern respektieren, ihre Leistung anerkennen, sie vielleicht sogar gelegentlich loben. Denn diese Arbeiter tragen uns alle auf ihren Schultern. Vielleicht sollte man sich dafür auch mal bedanken, wenn man schon draufsitzt. Man kann auch absteigen und selber Arbeiter werden. Nur dieses sentimentale Getue, bei dem man das Pferd bedauert, auf dem man reitet, ist naiv und infantil. Klug ist es, das Pferd gut zu behandeln, damit es einen noch lange trägt. Man kann das Pferd auch in die Freiheit entlassen und wieder zu Fuß gehen. Aber ich glaube nicht, dass das irgendeiner wirklich will. Schon gar nicht die besonders Mitleidigen.

Wollen wir die offene Gesellschaft? Wollen wir Freiheit und Entfaltung? Nehmen wir dafür in Kauf, dass einige sich nicht entfalten können, dass sie unten bleiben, dass sie arm bleiben? Akzeptieren wir, dass eine freie Gesellschaft immer eine relative Ungleichheit der Verhältnisse mit sich bringt? Oder wollen wir das alles nicht? Wollen wir, dass alle gleich sind, dass sich niemand erheben kann, dass die Türen zubleiben, die Grenzen geschlossen sind und alle in vergleichbaren Verhältnissen leben? Akzeptieren wir dann, dass es keinen Reichtum in dieser Gesellschaft gibt, dass in den Supermärkten nicht 37 Ketchupflaschen zur Auswahl stehen, sondern nur noch zwei: große Flasche, kleine Flasche? Sind wir bereit, auf den Urlaub in Thailand zu verzichten, können wir damit leben, dass unser Auto aussieht wie ein Spielzeug? Ist es uns recht, wenn Leistung und Engagement nicht gerne gesehen werden und sich garantiert nicht bezahlt machen? Sind wir zufrieden mit einer Vierzimmerwohnung im Plattenbau, die wir unser ganzes Leben lang nicht verlassen können, egal ob wir faul sind oder fleißig? Ich glaube, in Deutschland besteht weitgehend Einigkeit darüber, dass man die Freiheit will und nicht den Sozialismus. Nur ist man oft erschrocken darüber, was es heißt, in einer freien Gesellschaft zu leben.

Plötzlich ist man nämlich selbst schuld, wenn man arm bleibt. Das ist ein Schock, von dem sich Deutschland noch lange nicht erholt hat. Langanhaltende Arbeitslosigkeit, dauerhafte Armut und ein Leben im Schatten sind nicht mehr unentrinnbares Schicksal, sondern Optionen, die man wählen kann. Denn die Angebote sind da, der Käfig ist offen, man muss nur rausgehen. Erfolgs- und Lebensratgeber gibt es für wenig Geld in der Buchhandlung, man muss sie nur lesen. Der engagierte Lehrer sagt uns, was wir tun und lassen müssen, wir müssen ihm nur zuhören. Wenn wir all das nicht tun, wenn wir uns weigern, wenn wir alle Hilfe ausschlagen, dürfen wir uns nicht mehr beklagen, wenn es uns schlechtgeht. Diese Gesellschaft ist gerecht. Der Fleißige hat Erfolg, der Faule bleibt am Boden. Es ist eine Ungeheuerlichkeit, so etwas zu behaupten. Und trotzdem stimmt es. Denn es gibt keine Unterdrückung mehr in der freien Gesellschaft. Wir sind wirklich frei. Wir können tun und lassen, was wir wollen.

Ich bin Raucher. Auf jeder Packung steht, dass Rauchen schädlich ist. Ich lese das in der Zeitung, ich sehe es im Fernsehen, meine Frau sagt es mir oft genug. Kann ich mich beklagen, wenn ich später Lungenkrebs bekomme und daran sterbe? Bin ich nicht selber schuld? In meinem Regal steht ein Buch von Allen Carr. Es ist die Langversion für schwierige Fälle. Ich habe aber erst 50 Seiten gelesen. Ich will dieses Buch nicht lesen, ich kann es nicht, ich weigere mich. Dabei bin ich ein geübter Leser. Den *Ulysses* von James Joyce habe ich schnell und komplett gelesen. Warum mache ich mit Allen Carr nicht dasselbe? Weil ich weiß, dass ich dann wirklich mit dem Rauchen aufhören würde. Und das will ich nicht. Gegen jeden Verstand, gegen jede Vernunft, schlicht aus eigener Verschrobenheit, aus Dummheit und Widerborstigkeit. Ich stehe mir in dieser Beziehung selbst im Weg. Und ich klage auch darüber. Ich jammere. Aber wer hat Mitleid? Niemand. Denn ich könnte ja aufhören, wenn ich wollte. Rauchen ist kein unentrinnbares Schicksal, sondern eine Option, die man wählen kann.

Die Gesellschaft sorgt sich um ihre verlorenen Schafe. Es gibt tausendfach ausgestreckte Hände und Leitern, die nach oben führen. Es gibt den zweiten Bildungsweg und Stipendien, es gibt Hochbegabtenförderung und Theaterworkshops, jeder kann in eine Partei eintreten und seine Meinung äußern. Für wenig Geld gibt es gute Zeitungen und noch bessere Bücher. Wir haben Beratungsangebote zu fast allen Themen. Es gibt ein dichtes Netz von staatlich bezahlten Helfern. Für den lernbereiten, aufstiegswilligen Menschen ist der rote Teppich ausgerollt. Wer hochkommen will, der kommt irgendwann hoch. Aber er muss sich anstrengen, er muss sich für seine Ziele einsetzen, er muss kämpfen. Wenn er seine Chancen nutzt, kann er bis an die Spitze steigen. Die Mutter eines Bundeskanzlers war Putzfrau, ein Vorstandsmitglied der Grünen kommt aus einer Einwandererfamilie.

Aber mir geht es nicht um die Spitzenpositionen, sondern um das normale Leben. Wer einen Job finden will, der bekommt auch einen. Job ist Job. McDonalds oder Siemens, wen interessiert schon, woher das Geld kommt! Zur Not macht man Paketfahrer oder Barkeeper, Türsteher, Möbelpacker, Bratwurstverkäufer. Job ist Job. Nur wenn man es so sieht, kann man wirklich sagen: Wer eine Arbeit sucht, der findet eine. Die Möglichkeiten sind da. Die Arbeit wartet. Wenn wir vor lauter Dünkel nicht mehr richtig handeln können, haben wir Pech gehabt. Wenn ich gesagt hätte, ich bin gebildet und kann doch nicht in so einer Billigfirma mit ungebildeten Menschen einfache Handarbeit verrichten, könnte ich jetzt kein Buch über diese Firma schreiben. Dann wäre ich zwar genauso gescheit, aber niemand würde mir zuhören, keiner würde mich kennen. Und außerdem hätte ich dann ein gewaltiges Geldproblem am Hals. Und daran wäre ich selbst schuld. Man kann sich hocharbeiten. Aber manchmal muss man sich dabei die Hände schmutzig machen. Da muss man durch. Für viele ist das sehr schwer. Aber deshalb kann man ihnen diese Erkenntnis trotzdem nicht ersparen. Denn wir können nicht per Parteitagsbeschluss ein Naturgesetz abschaffen: Wer etwas werden will, muss sich anstrengen. Das ist einfach so. Man kann es nicht ändern. Ich möchte nicht missverstanden werden. Ich bin keiner von denen, die mit dem Finger auf Arbeitslose zeigen, um ihnen Faulheit und Dummheit vorzuwerfen. Das Leben besteht ganz bestimmt nicht nur aus Geld und Profit. Niemand muss arbeiten, um ein guter, nützlicher Mensch zu sein. Es gibt auch sinnvolle Tätigkeiten außerhalb des puren Gelderwerbs. Ich war selbst bestimmt vier Jahre ohne Arbeit. In dieser Zeit widmete ich mich den Büchern und dem Schreiben. Ich ging spazieren und dachte nach. Natürlich wurde ich dafür kritisiert, aber das war mir ziemlich egal. Ich brauchte diese Zeit für mich und meine Entwicklung, und ich nahm sie mir einfach. Warum auch nicht? Ich stand dann um 11 Uhr morgens auf und ging abends um 9 ins Bett. Meine Nachbarn hielten mich bestimmt für einen kranken Penner, aber sie sprachen mich nicht darauf an. Ich hätte mich sowieso nicht nach ihnen gerichtet. Es gibt Menschen, die sich um ihre kranken Eltern kümmern und deswegen nicht arbeiten. Es gibt Aussteiger, die keine Lust haben zu arbeiten. Manche trinken lieber Bier, statt in der Fabrik zu schuften. Und wenn schon, solange sie nicht randalieren, stört es keinen. Aber alle, die über lange Jahre nicht arbeiten, haben etwas gemeinsam: Sie haben einen Grund. Und diesen Grund sollte man akzeptieren. Man sollte nicht ständig versuchen, Menschen umzuerziehen. Das ist meistens vergeblich. Gleichzeitig muss man aber auch dafür sorgen, dass jeder, der arbeiten möchte, eine Arbeit bekommen kann. In Deutschland findet man Arbeit. Wir sind Exportvizeweltmeister. Hier gibt es genug zu tun. Und ich hoffe, das bleibt so.

Zurzeit sprechen einige von sozialen Unruhen, die wegen der Finanzkrise drohen könnten. Ich glaube nicht, dass es Unruhen geben wird. Nicht, weil die Deutschen dazu nicht in der Lage wären oder eine Art Obrigkeitshörigkeit aus dem Kaiserreich bis heute nachwirkt. Die Deutschen revoltieren aus einem bestimmten Grund nicht: Sie finden, dass es in Deutschland im Großen und Ganzen gerecht zugeht. Zwar lieben die Deutschen die Klage auf höchstem Niveau, aber insgeheim wissen die allermeisten, dass hier, im Vergleich zu anderen Ländern, geradezu paradiesische Zustände herrschen. Niemand muss verhungern, es gibt Ärzte, keiner muss arbeiten, um zu überleben, und niemand muss frieren. Wer sich anstrengt, hat genug im Geldbeutel. Wer sich nicht anstrengt, hat nicht so viel. Wie in jedem Land, so gibt es auch bei uns viele alte Volksweisheiten. Drei davon heißen: Von nichts kommt nichts. Wie man sich bettet, so liegt man. Ohne Fleiß kein Preis. Und diese alten Sprüche gelten heute noch. Das merken die Leute. Deshalb revoltieren sie nicht. Die grundlegenden Dinge sind im Lot. Das kann sich natürlich ändern. Es kann sein, dass Deutschland irgendwann kein gerechtes Land mehr ist. Dann wird bestimmt revoltiert. Aber solange die Grundversorgung gesichert ist, solange die Arbeitswilligen Arbeit finden, solange es für die Fleißigen Aufstiegskanäle gibt, so lange werden die Deutschen mit ihrem Land zufrieden sein und ruhig bleiben. Unsere Gesellschaft ist weitgehend gerecht. Es gibt immer Auswüchse, es gibt immer Reformbedarf, die Politik hat genug zu tun. Aber es gibt keinen Grund, die Freiheit gegen die Gleichheit einzutauschen. Es gibt keinen Grund, die Mauer wieder aufzubauen. Wir haben auch aus diesem Kapitel unserer Geschichte gelernt.

Wirkliche Hilfe

Ist es sonderbar, wenn ich die Kollegen in der Billigfirma als dumme Leute bezeichne? Jemandem Dummheit
zu unterstellen gehört sich nicht, deshalb will ich mich
dem Sprachgebrauch anpassen und von Defiziten sprechen. Diese Leute haben Defizite. Das hört sich doch
gleich viel schöner an, als wenn man sagt, sie sind dumm.
Und ganz ehrlich: Ich will die Exkollegen nicht beleidigen.
Für mich ist es nichts Schlimmes, wenn einer Defizite
hat. Ich habe auch welche. Jeder hat welche. Wir haben
alle Macken. Wir sind alle irgendwo dumm. Nur manche
Leute in der Firma haben ihre Macken an der falschen
Stelle: Sie machen sich nichts aus Geld. Und das wirft
man ihnen vor. Man fühlt sich oft komisch, wenn man als
Fabrikarbeiter mit der Mittelschicht Kontakt hat. Sich die
Finger schmutzig machen ist nicht gut angesehen. Das
sollen doch bitte diese Kellerkinder erledigen, diese einfachen Menschen. Das ist etwas für die Unterschicht. Mit
der will man eigentlich nichts zu tun haben. Die Mittelschicht spricht offiziell von Defiziten, aber insgeheim hält
sie die Unterschicht für dumm. Und die merkt das.

Vielleicht sollte man die Frage stellen, warum die Mittelschicht so denkt. Warum nennt sie einen langjährigen
Billigarbeiter dumm? Ich muss mich das selbst fragen,
denn ich habe diese Behauptung aufgestellt. Ich denke
dabei an Sergej. Dieser Mann arbeitet seit Jahren in der
Firma. Er ist dabei ziemlich kaputtgegangen, wie alle, die
dort länger sind. Ich sage, er ist dumm, weil er nicht versucht hat rauszukommen. Er hätte es doch schaffen können. Oder nicht? Er kann es jetzt noch schaffen, aber was

macht er dann? Er ist bestimmt schon 50 Jahre alt. Er sieht nicht dynamisch aus. Er spricht nicht gut Deutsch. Er macht kein gutes Bild als PR-Referent oder Hotelfachmann. Er kann bestimmt kein großer Werbetexter werden, und auch in der Wissenschaft kriegt er keinen Posten. Sergej wird nie Bundeskanzler und schafft es in keinen Vorstand. Sein Zug ist schon lange abgefahren. Und das weiß er. Deshalb will er nicht mehr raus aus der Firma. Deshalb sagt er: »Muss, muss.« Deshalb trinkt er und schaut traurig aus der Wäsche. Er hatte vielleicht nie eine Chance.

Wir Bessergestellten sagen: Jeder kann es schaffen. Dann nennen wir ein paar Namen von Leuten, die es von unten bis oben geschafft haben. Vom Tellerwäscher zum Millionär. Das kann klappen. Mein erster Job war übrigens Tellerwäscher. Nach einer Stunde war ich schon stolzer Topfspüler. Viel später hat mir ein Koch gesagt, dass das ein Abstieg war. Trotzdem hätte ich nichts gegen ein paar Millionen auf der Bank. Ich bin guter Dinge. Ich bin hoffnungsfroh. Aber Sergej ist das nicht. Er hat keine Hoffnung mehr auf einen völlig neuen, gut bezahlten Arbeitsplatz. Er sieht kein Licht am Ende des Tunnels. Er wohnt in diesem Tunnel. Er will nicht mehr nach oben. Er hat keine Ideen. Er geht apathisch zur Arbeit und fällt erschlagen ins Bett. Er zählt nur noch die Jahre bis zur Rente. Dann hofft er auf Ruhe. Er hofft, dass alles mal ein Ende hat, dass Schluss ist mit der ewigen Anstrengung. Dass endlich der Tag kommt, an dem er seinen Chip abgibt, nach Hause geht und nie wieder zurückmuss. Sergej hofft nur noch aufs Ende. Die Freiheit, die er sich wünscht, ist eine Freiheit von der Plackerei, ein Ende des ewigen »Müssens«.

Doch Sergej kann sich nicht befreien. Er ist zu schwach,

um seine Fesseln zu lösen. Er ist zu blind, um die Möglichkeiten zu entdecken, die er hat. Mit 50 fangen andere nochmal neu an. Sie lassen sich scheiden. Sie verlassen ihre Stadt. Sergej könnte zurück nach Russland gehen. Irgendwo am Meer könnte er in einer Strandbar die Tische putzen, Getränke zapfen, den Boden fegen. Vielleicht verliebt er sich in die Tochter des Barchefs und gründet mit ihr eine neue Familie. Er kann keine Karriere mehr machen, aber seine Situation gewaltig verbessern. Kann er vielleicht nicht einmal das? Bin ich blind und sehe nicht, dass Sergej chancenlos ist und tatsächlich immer nur diesen Mist machen muss? Ist es sein Schicksal, da drin zu stehen, jeden Tag, und zu leiden wie ein Hund? Ganz bestimmt nicht. Jeder Mensch kann sich erheben, wenn er will. Der Mensch ist frei. Er kann tun, was er möchte. Er muss mit den Folgen seiner Handlungen leben. Oft drohen negative Sanktionen, Missbilligung und Streit. Aber das ändert nichts an der Tatsache, dass Sergej freiwillig in diese Firma geht. Warum ihn also bedauern? Weil er so ist, wie er ist? Niemand bedauert ihn wirklich, denn wir wollen unser Zeug billig beim Discounter. Und wir sind froh über jeden, der uns solche Sachen herstellt.

Die Mittelschicht gibt sich oft betroffen, wenn sie vom Leid der Armen hört. Sie sagt im Interview reflexartig, dass die Leute gefälligst höhere Löhne bekommen sollen und einen Gesundheitsschutz und Urlaubsgeld, diese Leier. Und dann geht sie noch schnell beim Aldi einkaufen, denn dort ist es schön billig. Das ist verlogen. In Wirklichkeit ist niemand betroffen oder ernsthaft besorgt. Das ist alles nur gespielt und vorgetäuscht. Denn fast jeder akzeptiert die Gesellschaftsform, die wir haben. Und es ist fast jedem klar, dass es solche Billiglöhner geben muss. Weil sonst alles zusammenbricht. Wir geben uns aber trotzdem betroffen, um die Unterschicht nicht zu reizen. Deshalb ist es unerhört, wenn einer schreibt, dass die da unten nicht die Klügsten sind. Das weiß zwar jeder, aber man sagt es nicht. Für die Bewohner der mittleren Etagen ist sonnenklar: Niemand, der bei klarem Verstand ist, bleibt über längere Zeit in so einer Firma. Armut ist zum großen Teil selbst verschuldet. Das ist im Einzelfall meist schlimm, dann möchte man helfen und die Leute auf die Füße stellen. Aber oft ist es vergeblich, weil sie immer wieder umfallen, weil sie saft- und kraftlos sind. Weil sie zu schwach sind, um sich auf den Beinen zu halten. Es gibt Leute, die können nicht aufsteigen, obwohl sie die Chance dazu hätten. Viele Sozialpädagogen und Lehrer verzweifeln an der Unfähigkeit ihrer Klientel. Man kann leicht ausbrennen, wenn einem der Staat eine unmögliche Aufgabe stellt. Diese Aufgabe heißt: Machen Sie aus einem schwachen einen starken Menschen. Sie haben dafür zwei Stunden Zeit pro Woche und pro Mensch. Das kann nicht gehen. Aber es ist schwer, das einzusehen.

Ich möchte die Menschen am unteren Ende nicht abwerten. Sie sind nicht so clever wie die Wohlhabenden. Aber deswegen sind sie nicht weniger wert. Sie sind keine schlechteren Menschen, weil sie weniger verdienen. Vielleicht verdienen sie sogar deshalb weniger, weil sie die besseren Menschen sind. Der Ehrliche ist der Dumme, heißt es leider bei uns. Umgekehrt muss man dann sagen: Der Dumme ist zu ehrlich. Und ehrlich waren sie alle in meiner Fabrik. Ehrliche, gute Menschen. Zu gut, um groß rauszukommen. Zu lieb, um erfolgreich zu werden. Nicht skrupellos genug. Zu harmlos, um abzusahnen. Das Wort »dumm« hört sich wie ein Schimpfwort an, aber ich meine es nicht so. Ich kann nichts dafür, dass »clever« bei uns als Lob verstanden wird und »dumm« als Beleidigung. Das sagt viel über die Verfassung dieser Gesellschaft aus. Für mich klingt »clever« beleidigender als »dumm«. Der clevere Mensch ist oft hinterhältig. Was soll daran gut sein? Nur weil einer 5000 Euro verdient, ist er noch lange kein guter Mensch. Ich argumentiere nicht in den Bahnen der protestantischen Ethik. Dort heißt es, dass Gott die Reichen liebt, dass sich ein gottgefälliges Leben am guten Einkommen zeigt. Das halte ich für abgeschmackt. Ein gutes Einkommen heißt für mich, dass hier einer einen gesunden Egoismus hat, ziemlich brutal seine Ziele durchsetzt und, wenn es sein muss, über Leichen geht. Die Leute aus meiner Fabrik können das nicht. Und deshalb sind sie die moralischen Sieger. Die Moral eines langjährigen Billigarbeiters ist intakter als die eines renditefixierten Topmanagers. Ich glaube, daran gibt es nichts zu deuteln.

Gestern war Vatertag, und ich habe mit Familie und Freunden gegrillt. Wir haben Bier getrunken und die Sonne genossen. Sergej war gestern zur selben Zeit bestimmt in der Firma und hat geschuftet. Warum haut er nicht einfach ab, verlässt Frau und Kinder, warum sucht er nicht knallhart den eigenen Vorteil? Weil er eben kein Egozentriker ist, sondern ein wirklicher Held, ein Märtyrer, ein Mensch, an dem man sich ein Beispiel nehmen sollte. Ich verstehe nicht, dass Deutschland seit Jahren den Superstar sucht und Sergej noch nicht gefunden hat. Oder Marko oder Thomas oder Hannelore. Diese Superstars singen nicht im Fernsehen weinend Kinderlieder. Die echten Stars kämpfen täglich und nächtlich in Fabriken gegen die Maschinen und für das Überleben dieser ganzen parfümierten Gesellschaft. Niemand dankt ihnen dafür. Wenn sie Glück haben, kommen sie in irgendeiner beknackten Statistik vor, oder ihr Schicksal wird heuchlerisch bedauert. Wo ist der rote Teppich für die wirklichen Stars? Was leisten schon die Hollywood-Leute? Wann schwitzen große Bankmanager? Was tun diese angeblichen Helden denn überhaupt? Sie haben Bedienstete, die ihnen alles Unangenehme abnehmen. Die wirklichen Helden müssen das alles selber machen. Man sieht sie nicht, denn sie streben nicht ins Licht der Öffentlichkeit. Für so etwas haben sie keine Zeit. Die wirklichen Helden halten den ganzen Laden zusammen, sie passen auf uns auf, sie beschützen uns und bleiben unsichtbar. Ich hatte das große Glück, diesen Helden zu begegnen, mit ihnen zu sprechen, sie lachen zu sehen. Ich bin selber kein Held, denn ich versuche auch so ein öffentlicher Mensch zu werden, der sich fürs Nichtstun beklatschen lässt. Hoffentlich kommt nie ein Kritiker und wirft mir eine moralische Abwertung der Billigarbeiter vor. Denn ich werde ihm vorwerfen, dass er mein Buch nicht verstanden hat.

Wenn man ein guter Mensch ist, neigt man dazu, sich ausbeuten zu lassen. Das ist gefährlich, denn heute gibt es ziemlich viele clevere Ausbeuter. Wanja brachte mal einen Zettel mit in den Pausenraum und zeigte ihn mir. Es war so ein elender Wisch, wie sie zu Tausenden täglich vom Postboten gebracht werden. Gib mir 50 Euro, in zwei Wochen kriegst du 500. So eine Falle erkennt der Clevere schon an der kaputten Rechtschreibung. Der nicht ganz so Clevere erkennt das oft gar nicht. Wanja wollte mitmachen. Er hätte diesen Kriminellen fast 50 Euro geschickt, wenn ich ihm nicht gesagt hätte, er soll den Dreck in den Müll schmeißen, wo er hingehört. Die gutgläubigen Menschen sind den vielen Fallen, die heute überall stehen, hilflos ausgeliefert. Kinder telefonieren 10 Minuten und machen eine Rechnung über 200 Euro, die der

Papa dann zahlen muss. Nur weil es immer noch erlaubt ist, dass diese nackten, hässlichen Frauen im Fernsehen herumstöhnen. Dabei sind sie doch nur geldgeil. Überhaupt das Fernsehen. Dauernd versuchen intelligente Menschen, weniger intelligenten Menschen den letzten Cent aus der Tasche zu ziehen. Durch gezielte, wissenschaftlich gestärkte Werbung werden ungebildete Menschen zu sinnlosen Käufen animiert. Eine Menge Intelligenz wird darauf verwendet, die Armen noch ärmer zu machen. Aber öffentlich trägt die Mittelschicht eine Trauermiene zur Schau, wenn sie mit den schlimmen Zuständen der unteren Klassen konfrontiert wird. Es ist besonders clever, sich mitfühlend zu stellen und im Hinterkopf schon die nächste Ausbeuteridee zu entwickeln.

Den einfachen Leuten könnte man das Leben viel leichter machen, wenn man so etwas verbieten würde. Keine Dauerwerbesendungen, keine Mitspielsender wie 9Live, kein teures Voting, keine unseriösen Briefe mit der Post. Briefträger sind heute viel zu oft Werbeträger. Keine unseriösen Callcenter-Anrufe. Und so weiter. Die Liste kann lang werden, denn es gibt viele Fallen für gute und ehrliche Menschen. Den schwarzen Schafen der Freiheit sollte man das Handwerk legen. Ich verachte sie aus ganzem Herzen. Oder denken wir an die Klingeltöne. Das ist der wirkliche Skandal. So etwas wird nicht verboten. Man erstellt Armutsberichte und lässt Klingeltonverkauf zu. Oder das Internet. Schüler drücken aus Versehen auf den falschen Knopf und sind 100 Euro los. Oder die Handys. Man findet viel zu viele Beispiele. Und in der Schule lernt man nicht, wie man heil durch diesen Dschungel kommt. Es gibt kein Schulfach, das sich mit den Beutelschneidern beschäftigt. Skandalös ist nicht, dass viele Menschen wenig verdienen. Skandalös ist, dass ihnen niemand beibringt, wie sie mit dem Geld auskommen und sich vor Neppern schützen können. Es ist, als ob man kleine Kinder auf der Autobahn spielen lässt und sich betroffen gibt, wenn einige überfahren werden.

Natürlich ist die Freiheit besser als der Sozialismus, aber die Moral darf nicht auf der Strecke bleiben. Es ist überhaupt nichts dagegen einzuwenden, wenn jemand durch ehrliche Arbeit zu Wohlstand kommt. Doch wenn von 100 Wohlhabenden einer nur durch Tricks und Betrug hochgekommen ist, darf man das nicht dulden. Man darf nicht achselzuckend darüber hinweggehen. Es ist nicht gut, wenn diese Gesellschaft zu einem Dschungel verkommt, in dem das ökonomische Faustrecht herrscht. Das sind unangenehme Auswüchse des Kapitalismus. Im Moment tummelt sich viel zu viel unseriöses Pack auf dem Parkett. Diese Betrüger muss man vom Markt nehmen. Der Betrug beginnt da, wo der leichtgläubige Mensch bewusst über den Tisch gezogen wird. Man braucht nicht naiv danach fragen, was Abzocke ist. Jeder Zocker weiß selbst genau, wann er mit falschen Karten spielt. Die Freiheit ist ein schönes Spiel. Doch Betrüger sollten nicht mitmachen. Sonst gerät das Spiel als Ganzes in Verruf, und die Menschen suchen ihr Heil wieder in Diktaturen. Bereits heute lehnen viele Menschen Freiheit und Demokratie ab. Wenn man Betrug zulässt, ruiniert man das ganze Spiel. Zur sozialen Marktwirtschaft gehören Fairness und Rücksicht. Wenn man Lüge und Brutalität wuchern lässt, zerstört man die menschliche Substanz der freiheitlichen Grundordnung und landet im Wilden Westen. Wenn die Regierung da hinwill, soll sie Waffen an die Leute verteilen, damit sich jeder selbst gegen die Gauner verteidigen kann.

Ich habe mal eine Woche in einem Callcenter gearbeitet. Wenn die technische Ausstattung nicht defekt gewesen wäre, hätte ich es aus Geldnot auch länger gemacht. Erst kommt das Fressen, dann die Moral. Das gilt auch für mich. Wenn man in einer Abzockerbranche gutes Geld verdienen kann, macht man es eben. Deshalb ist hier der Staat gefragt. Solche Dinge muss der Gesetzgeber regeln. Alles, was der Staat erlaubt, wird getan. Ein liberales Land ist eine gute Sache, aber wenn die Party aus dem Ruder läuft, muss Vater Staat eingreifen. Von guten Eltern wird erwartet, dass sie ihre Kinder behutsam in die Schranken weisen. Ich erwarte vom Staat, dass er dasselbe mit seinen Bürgern tut. Er muss auch spüren, was nicht geht, und dafür sorgen, dass es nicht geschieht. In diesem Callcenter sagte mir der Chef, dass jeder 160. Anruf ein Erfolg wird. Denn das weiß die Statistik, und die hat immer recht. Ich sollte also möglichst schnell sein, dann fände ich genug Leute, die mir meinen Mist abkaufen. Deutschland hat 82 Millionen Einwohner. Jeder 160. ist extrem leichtgläubig. Das heißt, es gibt in Deutschland mindestens 500 000 Menschen, die man hervorragend abzocken kann. Wer solche Rechnungen aufstellt, kann nicht seriös sein. Das ist Betrug. Hier sollte der Staat eingreifen. Denn er hat auch eine Schutzfunktion. Er muss für die Sicherheit aller seiner Untergebenen sorgen. Sonst verliert er seine Legitimation. Wir übertragen dem Staat das Gewaltmonopol, dafür muss er uns alle schützen. Tut er es nicht, müssen wir uns in Zukunft wieder selber schützen. Dann sind wir nicht mehr wohlgesittete Bürger, sondern wilde Cowboys, die erst schießen und dann fragen. In manchen Ecken der Republik kann man leider schon ein Aufkeimen dieser neuen Einstellung studieren. Die Jugend wird brutaler, sagen die Forscher und runzeln angestrengt die Stirn. Sie sagen nicht, dass die ganze Gesellschaft brutaler wird, weil der Staat vergisst, das Unkraut zu jäten.

Heute spricht man nicht mehr vom Vater Staat, dabei wäre es manchmal gut, wenn er sich als Vater und seine Bewohner als Kinder sähe. Denn einige sind Kinder, auch wenn sie schon groß sind. In meiner Firma benahmen sich viele Mitarbeiter infantil. Sie waren gut, ehrlich, impulsiv und aufsässig wie kleine Kinder. Sie sind auch schutzbedürftig wie kleine Kinder. Doch niemand schützt sie. Sie bleiben sich selbst überlassen. Sie sind den Fallenstellern hilflos ausgeliefert. Vater Staat sollte die Schere aus dem Laufstall nehmen. Er fragt sich oft, wie er den Schutzlosen helfen soll. Dann argumentiert er meistens mit Geld. Die Löhne und die Hartz-IV-Sätze sollen steigen. Aber es gibt Menschen, die würden sich auch 20 000 Euro im Monat immer wieder von Verbrechern abschwatzen lassen. Diese Verbrecher sollte der Staat bekämpfen. Damit würde er der Unterschicht am effektivsten helfen. Er soll die Mausefallen aus dem Kinderzimmer nehmen, dann hilft er seinen Schwächsten wirklich. Es wundert mich, dass die Regierung solchen Nepp zulässt. Will sie der Unterschicht Feuer unterm Hintern machen, damit sie endlich aufsteigt? Fördern und Fordern, heißt es. Einem Kind eine Rasierklinge in die Hand zu geben, ist aber kein Fordern, sondern eine Verletzung der elterlichen Aufsichtspflicht. Einige Bewohner dieses Staates bleiben ihr Leben lang kleine Kinder. Der Staat sollte sie ruhig als solche sehen. Und er sollte sie beschützen wie kleine Kinder. Nicht verzärteln, aber auch nicht zu großen Gefahren aussetzen. Betrug trifft die Gutgläubigen am härtesten. Will der Staat nur noch abgebrühte, kalte und misstrauische Einwohner?

Ich finde, gutgläubige Menschen sind eine Zier für jedes Land. Friedrich Schiller hat das Wort »naiv« erfunden. Er meinte damit etwas Schönes. Ein naiver Mensch kann sich freuen wie ein Kind. Er lacht über die kleinen Dinge. Ihm gefällt das Leben, wie es ist. Er hat keine maßlosen Ansprüche. Naivität ist etwas Herrliches. Leider wird sie heute als negativ empfunden. Den naiven Menschen nennen wir dumm. Dieser Fehler ist mir auch unterlaufen. Einige Leute in meiner Firma waren naiv, doch ich nannte sie dumm. Dafür möchte ich mich entschuldigen, aber oft braucht Erkenntnis Zeit. Es sind naive Menschen. Einmal sprachen wir übers Pfandflaschensammeln. Einer fragte mich, ob man die Einnahmen versteuern müsse. Wir sprachen über Computerchips. Ich sagte, die seien aus Silizium. Bilal blickte mich erstaunt an. Er dachte, sie seien aus Holz. Deshalb wollte er Schreiner werden. Das sei ein Beruf mit Zukunft. Holz als Rohstoff der Chipindustrie. Das zu glauben, ist naiv. Lassen wir es doch zu! Hören wir auf damit, die naiven Menschen zu piesacken. Man muss nicht jeden völlig desillusionieren. Es muss nicht jeder zynisch und frustriert sein. Deutschland kann naive Bewohner gut gebrauchen. Die Menschen würden glücklicher. Es wäre nicht so verdammt hart, hier zu leben. Sorgen wir dafür, dass Naivität nicht mehr ausgenutzt wird. Hegen wir sie wie eine bedrohte Pflanzenart. Der naive Mensch ist glücklich. Lassen wir ihm sein Glück.

Das war auch so ein Phänomen in dieser Firma: Es war fürchterlich stressig, aber die Leute waren gut drauf. Sie hatten gute Laune. Die Stimmung war nicht vergiftet. Ab und zu krachte es, aber insgesamt war das Betriebsklima entspannt. Die Mehrheit kam nicht aus Deutschland. Ich bin sicher, eine rein deutsche Belegschaft hätte nicht diese frohe Grundstimmung zustande gebracht. Denn die meisten Deutschen sind nicht mehr naiv, sondern abgebrüht und kalt. Es wäre so schön, wenn auch die Deutschen wieder etwas naiver sein dürften. Aber man lässt sie nicht. Wer naiv ist, kann nicht aufsteigen. Die deutschen Eliten sind nicht naiv, aber die Menschen ganz unten sind es oft. Natürlich machen naive Menschen keinen Aufstand. Das können sie gar nicht. Naive Menschen können sich auch keine Lobby schaffen. Sie schaffen unsichtbar vor sich hin. Sie sind die guten Geister, die keiner sieht. Aber ohne diese Geister ginge hier nichts mehr. Wir müssen sie nicht groß beachten, denn von ihnen geht keine Gefahr aus. Aber wir sollten sie trotzdem pfleglich behandeln, einfach deshalb, weil es sich so gehört, weil der Anstand das erfordert. Deswegen sollten wir den Betrug so weit wie möglich abschaffen. Wir dürfen es nicht dulden, dass gutgläubige Menschen von niederträchtigen Menschen betrogen werden. Eigentlich sollte das eine Selbstverständlichkeit sein. Aber in diesem Punkt hapert es zurzeit. Denn der Staat ist ratlos.

Kleine Kinder schauen sich Pornos im Internet an. Sie verprügeln sich und filmen es mit Fotohandys. Jugendliche sitzen tagelang vor dem PC und spielen Mörder. Die technische Revolution macht Dinge möglich, die uns schaden. Der Staat muss Schaden von seinem Volk abwenden. Deshalb wäre er eindeutig dazu legitimiert, menschenverachtende Computerspiele zu indizieren, den Zugang zu Pornografie zu erschweren und Handys in den Schulen zu verbieten. Aber noch scheut er sich zu handeln. Denn finanzstarke Industrien unternehmen alles, um solche Verbote zu verhindern. Man argumentiert mit der Freiheit des Marktes und dem Recht des Bürgers auf Unterhaltung. Doch letztendlich sind das schwache Argumente, über die man sich leicht hinwegsetzen kann. Es bricht nicht gleich der Sozialismus aus, wenn man die unteren Klassen vor Betrug schützt. Schund zu verbieten, ist keine Zensur. Ob diese Korrekturen erfolgen oder nicht, spielt im Moment noch keine entscheidende Rolle. Es wäre eine gute Tat. Es würde das Leben schöner und die Menschen glücklicher machen. Man muss es noch nicht unbedingt tun. Ökonomisch ist es nicht nötig. Es wäre anständig und würde die deutschen Eliten adeln. Es bricht keine Revolution aus, wenn man es nicht tut. Und trotzdem sollte man es tun. Aus Menschlichkeit und weil es sich für einen anständigen Staat so gehört. Manchmal muss man mit dem Reden und dem Argumentieren auch aufhören und einfach das tun, was man für richtig hält. Ein schwacher Nachtwächterstaat lässt die Sitten verwildern. Ein sittlich verkommenes Land kann auf Dauer keine Spitzenposition halten. Auch deshalb sollte man es tun, bevor es zu spät ist.

Deutschland ist im Moment nicht sittlich verkommen. Doch man muss aufpassen, dass der Teich nicht umkippt. Es gibt Tendenzen, denen man entschlossen entgegentreten muss. Es kann nicht sein, dass in unserem Land die breite Masse dauernd versucht, sich gegenseitig über den Tisch zu ziehen. Es darf nicht sein, dass Naivität sofort ausgenutzt wird. Wenn die Leute ständig aufpassen müssen, nicht betrogen zu werden, haben sie keine Kraft mehr für die eigentliche Arbeit. Dann wird Deutschland zum Dschungel, zum Wilden Westen, zum Bazar. Dann befindet sich dieses Land auf einem absteigenden Ast. Dann gehören die deutschen Tugenden der Vergangenheit an. Wenn Korruption und Bestechung Grundvoraussetzung für geschäftlichen Erfolg werden, sind wir eigentlich schon eine Bananenrepublik. Wenn große Unternehmen ihre Mitarbeiter bespitzeln lassen, muss der Staat auf den

Tisch hauen und dafür sorgen, dass so etwas aufhört. Der Betrug darf nicht als Kollateralschaden der Freiheit durchgehen, sonst ist diese Freiheit nichts wert. Dann haben wir keinen Grund, sie zu schätzen. Dann sucht man im Volk nach Alternativen zur Freiheit. Und findet sie. Und setzt sie auch durch.

Ich male bewusst den Teufel an die Wand. Deutschland ist ein funktionierendes Land, das seinen Bürgern ein gutes und friedliches Leben ermöglicht. Die Cleveren sind oben, die Naiven sind unten. Daran ist nichts auszusetzen. Anders kann ein Land nicht funktionieren. Wenn die Naiven oben sind und die Cleveren unten, scheitert ein Land zwangsläufig. Die Menschen wissen in der Mehrzahl, dass hier in dieser Hinsicht alles in Ordnung ist. Deshalb bleiben sie auch in Krisenzeiten ruhig und besonnen. Das ist ein großer Vorteil im Vergleich zu anderen Ländern, und darauf kann man stolz sein. Jetzt sollte man dafür sorgen, dass das gute Niveau gehalten wird.

Ein Indikator für den Erfolg eines Landes ist die Lage seiner schwächsten Glieder. Die Menschen am unteren Ende der Lohnskala sind diese schwächsten Glieder. Wenn sie ein Auskommen haben, das ihnen ein Leben in Zufriedenheit ermöglicht, ist alles in Ordnung. Im Moment ist das der Fall. Die unteren Löhne sind zwar sehr niedrig und dürfen nicht weiter sinken, aber eine Reproduktion der Arbeitskraft ist garantiert, und der Fleißige kann in höhere Lohnstufen aufsteigen. Der einzige Makel dieses Systems besteht in den vielen Neppern, Schleppern und Bauernfängern, die den unteren Einkommen ihr Geld abluchsen dürfen. Von den Gestrauchelten selbst geht für das System keine Gefahr aus. Doch wenn man es zulässt, dass die Naiven straflos gefoult werden dürfen, verroht das ganze Spiel. Hier muss der Schiedsrichter abpfeifen und die Gelbe Karte zeigen. Tut er es nicht, kann die Situation eskalieren. Dann prügeln sich plötzlich alle 22 Spieler auf dem Fußballfeld, und die Zuschauer werden sehr unruhig und sehr unbesonnen. Wenn der Staat Unruhe im Keim ersticken will, muss er dafür sorgen, dass seinen schwächsten Gliedern kein Leid geschieht. In dieser Hinsicht gibt es bei uns im Moment etwas Handlungsbedarf. Aber das ist nichts Großes. Das ist nichts, was man nicht mit ein wenig Engagement reparieren könnte.

Von einem Soziologen wird erwartet, dass er weiß, wie man das Los der unteren Klassen verbessern kann. Hier ist meine Analyse: Die Leute in dieser Firma sind froh um ihren Arbeitsplatz. Man hilft ihnen überhaupt nicht, wenn man solche Arbeitsplätze abschafft. Die Gewerkschaft kann ruhig draußenbleiben. Hätte sie Macht in dieser Firma, gäbe es zwar mehr Lohn und mehr Sicherheit, aber wir wären gar nicht drin, sondern andere. Gewerkschaftlich geschützte Firmen nehmen solche Arbeiter, wie wir sie sind, gar nicht auf. Auch ist es nicht ratsam, über die Discounter zu schimpfen und deren Kunden in teurere Läden zu schicken. Das ist unrealistisch. Billige Waren muss es in einer Gesellschaft geben, sonst entsteht bei den unteren Lohnklassen tatsächlich echter Hunger. Die Forderung nach höheren Löhnen auf breiter Front klingt gut, ist aber keine Hilfe für die unteren Einkommen. Denn die Löhne dieser Klassen würden zwar steigen, aber die Preise steigen dann auch. Im Endergebnis ergibt sich kein Vorteil für diejenigen, die auch nach der Lohnsteigerung am wenigsten verdienen. Man kann auch nur dann sein Los verbessern, wenn man beruflich aufsteigt. Die Chancen zum Aufstieg gibt es aber jetzt schon. Sie dürfen nicht verschwinden. Echte Hilfe für die unteren Klassen bestünde darin, dass man sie nicht über den Tisch zieht. Hier weiß, glaube ich, jeder, was gemeint ist. Man sollte diesen einfachen Leuten, die wirklich hart schuften, nicht auch noch den letzten Cent durch billige Betrügereien abnehmen. Aber das versteht sich in einem ordentlichen Staat von selbst.

Man könnte natürlich behaupten, dass das Ausnützen des naiven Menschen ein Grundprinzip des Kapitalismus ist. Viele Linke tun das. Karl Marx hat sein ganzes Werk auf diesem Gedanken errichtet. Und ganz falsch liegt er nicht. Denn die Dummheit der Menschen ist der größte Wachstumsmotor überhaupt. Jede Branche lebt davon, dass einer etwas nicht kann. Wer zu dumm ist, seine Winterreifen selbst zu wechseln, geht in die Autowerkstatt und bezahlt dafür. Wer nicht weiß, wie man Wurst macht, geht zum Metzger. Wer nicht selber fliegen kann, nimmt besser einen Piloten. Wir nennen das Arbeitsteilung, Karl Marx nennt es anders. Auf diesem Prinzip beruht unsere Wirtschaftsordnung. Tatsächlich lebt bei uns jeder davon, dass er etwas besser kann als die anderen. Es stimmt also. Das Nichtwissen der einen ist der Geldvorteil der wissenden anderen. Dieses Prinzip ist gut. Man kann damit leben. Aber nur unter einer Voraussetzung. Zu diesem Prinzip des Wirtschaftens gehört Vertrauen. Wir müssen dem Arzt vertrauen, dass er weiß, was er tut. Wir müssen dem Elektriker vertrauen, denn wir wollen keinen Stromschlag kriegen. Dieses Vertrauen darf nicht missbraucht werden. Das Vertrauen der Menschen ist die heilige Kuh der Freiheit. Das Vertrauen zu missbrauchen muss ein Tabu sein, sonst funktioniert diese Wirtschaftsform nicht mehr. Denn dann hat Karl Marx recht, und aus der positiven Arbeitsteilung wird eine negative Ausbeutung. Wenn Betrugsfälle nicht geahndet werden, leidet das Vertrauen insgesamt. Deshalb ist es so wichtig, dass Ehrlichkeit die

Oberhand behält. Die meisten Menschen sind mit dem System zufrieden und leisten ehrliche Arbeit. Die meisten Menschen sind ehrlich. Wenn sie aber merken, dass der Ehrliche der Dumme ist, wenn Frechheit siegt und Dreistigkeit belohnt wird, wenn die Betrüger sich durchsetzen und niemand sie stoppt, dann werden diese ehrlichen Menschen irgendwann selbst unehrlich. Der Betrug ist ein gefährlicher Virus, der die Freiheit bedrohen und richten kann. Man muss ihn entschieden bekämpfen. Damit hilft man den unteren Klassen am besten, denn die schwächsten Glieder der Gesellschaft können sich gegen Betrug am wenigsten zur Wehr setzen.

Oben und unten

Das deutsche Wort, das jeder in der Fabrik kannte, war »egal«. Das klingt nach Gleichgültigkeit. Und das war Gleichgültigkeit. So stark ausgeprägt hatte ich sie noch nirgendwo erlebt. In der Firma waren mehrheitlich Ausländer. Haben die sich nur angepasst? Spiegeln die eine Gleichgültigkeit wider, die sie bei uns in Deutschland gelernt haben, oder bringen sie diese Unsitte aus ihren Ländern mit? Wer langgezogen »egaaal« sagte, hatte immer ein Lächeln auf den Lippen, so als ob er diese Firma in diesem Land für etwas schrullig hielte. Tatsächlich sagte mir der Burmese, dass in Taiwan so eine abgewrackte Firma gar nicht möglich wäre. Dort sei alles tipptopp, super Maschinen, ausgeklügelte Strukturen. Er war richtig enttäuscht von Deutschland. Er hatte sich vom Land der Dichter und Denker mehr erwartet. Ich beruhigte ihn und sagte, dass diese Firma etwas Besonderes sei und dass sonst in Deutschland auch alles tipptopp sei. Aber stimmt das denn? Sind wir nicht wirklich ein bisschen hintendran, ein bisschen verschlafen und vergangenheitsorientiert? Wenn ich mir die deutschen Arbeiter im Fernsehen ansehe, wie sie mit schönen Schildern für mehr Lohn demonstrieren, fällt mir immer auf, wie ausgeruht die aussehen. Meistens wirken sie behäbig. Der Leib wohlgenährt, die Haare ordentlich. Das ist alles irgendwie Mittelschicht, alles viel zu reich für die jetzige Situation. Wenn ich mir die Leute in unserer Firma anschaue, erkenne ich einen Unterschied. Die sind wirklich fertig. Gegen die wirkt der normale deutsche Arbeiter wie ein Rentner im Urlaub.

Durch unsere Gesellschaft geht ein Riss. Auf der einen Seite haben wir die gut versorgten Deutschen, die alles ordentlich bezahlt bekommen, mit Kündigungsschutz und Betriebskindergarten. Denen geht es phantastisch. Die haben ihr Auskommen und leben wunderbar. Manchmal werden sie arbeitslos, aber da gibt es 60 Prozent vom Nettolohn und schnell was Neues, weil irgendein Spezi sie wieder unterbringt. Das ist die Mehrheit. Dort herrscht Wohlstand. Natürlich wird immer gejammert, dass man sich nun keine zwei Autos mehr leisten kann und der Urlaub nach Australien dieses Jahr ausfällt, aber insgesamt geht es den Leuten gut. Für mich sind die oben. Und dann gibt es das Unten. Unten, da sind die Leute aus meiner Fabrik. Die reißen sich täglich den Hintern auf und haben doch nicht genug zum Leben. Die können nur lachen über die Demonstranten mit den Schildern. Sie selbst demonstrieren nie. Sie haben keine Zeit, ein Schild zu malen. Wann denn? Die paar Stunden, die sie zuhause sind, brauchen sie zum Ausruhen. Ich fühle mich diesen Leuten verbunden und vermisse sie.

Auch wenn ich weder mit Karl Marx noch mit dem Sozialismus sympathisiere, sehe ich in Deutschland eine Klassengesellschaft. Es gibt oben und unten. Man sieht den Leuten meist auf den ersten Blick an, wo sie hingehören. Man erkennt die Klassenzugehörigkeit am Aussehen. Die Unteren haben schlechte Frisuren, billige Jeans, unvorteilhafte Jacken, schlechte Haut und einen zerknirschten Gesichtsausdruck. Die Oberen sehen frisch aus, sie sind sauber und duften, ihre Kleidung passt gut zu ihren schicken Autos, sie benehmen sich korrekt, und man freut sich, dass es sie gibt, weil sie lieb wirken und einem nichts tun. Es ist schwer, die Menschen so einzuteilen. Unter Soziologen ist es heute üblich, von Milieus zu sprechen. Man will diesen Unterschied gar nicht mehr benennen. Aber ich bin kein Universitätssoziologe, deshalb darf ich anders sprechen. Für mich gibt es die einen und die anderen. Ich sehe die Lage schwarz-weiß und nicht grau in grau. Es gibt zwar immer Ausreißer, aber insgesamt ist die Lage stabil. Die Mehrheit hat gute Jobs, richtige Berufe, Urlaub, Geld für alles Mögliche und das Recht und die Politik auf ihrer Seite. Die Minderheit hat schlechte Jobs, die sehr anstrengend und sehr schlecht bezahlt sind, und statt Urlaub Not in allen Ecken. Die Sachen kauft man bei Lidl und Kik. Man hat weder eine Lobby noch Lust und Zeit, sich eine zu gründen.

Um diese Lage sprachlich zu verdeutlichen, muss ich die Begriffe Mittelschicht und Unterschicht für den Moment zurückweisen, denn es handelt sich nicht um geologische Schichten, die sich passiv übereinanderlagern, sondern um aktive Herrschaftsverhältnisse. Für mich ist es passender, von Herren und Knechten zu sprechen. Die Herren haben ihr Auskommen, sie haben angenehme Arbeitszeiten und können ab 17 Uhr ihren Rasen mähen oder ihr Auto waschen. Am Samstag schauen sie Fußball, am Sonntag machen sie einen Familienausflug. Sie arbeiten dreimal weniger und bekommen dreimal mehr Geld als die Knechte. Die müssen so viel schuften wie möglich. Man gibt ihnen gerade so viel Freizeit und so viel Geld, dass sie überleben und weiterarbeiten können. Die Knechte spielen politisch keine große Rolle. Die SPD möchte stolz einen Mindestlohn von 7 Euro 50 einführen. Das ist so wenig, dass man den miesen Status sicher nicht verliert. Ansonsten spricht man nicht von den Knechten. Denn man verwendet dieses Wort heute nicht mehr. Dabei drückt es so viel aus.

Ein Knecht arbeitet. Er schuftet sich die Seele aus dem

Leib. Er kämpft ums Überleben. Ein Knecht lebt nicht von der Stütze. Er schlägt sich immer durch, sei es auf dem Bau, in den Fabriken, als Kellner, Klofrau, Putzhilfe oder Wachmann. Es gibt so viele Knechtberufe in Deutschland, aber die momentane Diskussion dreht sich nicht um sie. Heute diskutieren wir über die Armut der Sozialhilfeempfänger, die den Tag zu Hause verbringen und auf keinen Fall Knechte sein wollen, sondern auch Herren. Ein Sozialhilfeempfänger, der jahrelang Staatsgelder in Anspruch nimmt, gehört in meinen Augen eher zu den Herren als zu den Knechten. Und deshalb ist die Diskussion, die wir zurzeit führen, eine reine Herrendiskussion, die den schwer arbeitenden Knecht außen vor lässt. Das ist blind und ein Fehler, der sich rächen kann.

Denn die soziale Lage ist ja nicht so, dass es nur gutbezahlte Führungskräfte und Hartz-IV-Empfänger gibt. Man vergisst die vielen Menschen, die den Laden am Laufen halten, also diejenigen, die praktisch die ganze Arbeit machen. Es kann schon sein, dass die Steuern zum größten Teil von wenigen Spitzenverdienern aufgebracht werden, aber es geht ja nicht nur ums Geld. Es geht zum Beispiel auch um Wähler. Wir vergessen oft die ganz praktische Arbeit, die auch jemand tun muss: Waren verpacken, Teller waschen, Büros putzen, die Straßen kehren, den Bus fahren, die Produkte transportieren.... Ich könnte den Rest des Buches damit verbringen, all die Tätigkeiten aufzuzählen, die gemacht werden müssen, um eine Gesellschaft funktionsfähig zu halten. Diese Arbeit machen die Knechte. Man kann nicht sagen, die Unterschicht macht das oder die Ausgeschlossenen oder die untere Mittelschicht oder das Prekariat. Das sind alles soziologische Begriffe, die in diesem Zusammenhang nicht greifen. Wir brauchen aber einen Namen für diejenigen, die diese einfache Arbeit tun. Der Begriff Arbeiter ist zu besetzt. Ich nehme einen Begriff von vorgestern und sage Knechte zu diesen Leuten. Ich habe mich auch genauso gefühlt in dem Jahr in der Firma. Und heute fühle ich mich eigentlich immer noch so. Denn auch jetzt mache ich die Arbeit, die sonst keiner machen will. Irgendwie fühle ich mich wie Herkules im Stall.

Wir sind in Deutschland viel zu sehr aufs Geld fixiert. Wir sehen immer nur den, der alles bezahlt, und übersehen den, der die Arbeit tut. Zum Beispiel müssen sich Hausfrauen bei uns dafür rechtfertigen, dass sie keiner Erwerbsarbeit nachgehen. Dabei ist Hausfrau oder Hausmann ein anstrengender Beruf. Ich spreche aus Erfahrung. Was ist denn, wenn eine Ehe mit zwei Kindern gesegnet ist und beide Ehepartner Vollzeit arbeiten? Wer wäscht dann die Wäsche, wer spült ab, wer kocht, wer kauft ein, wer saugt Staub, wer bringt den Abfall raus, wer räumt den Tisch ab....? Sollen das alles bezahlte Kräfte machen? Es gibt all diese Arbeiten, die jemand ganz real tun muss. Aber wir sehen diese Arbeit gar nicht mehr. Wir sagen, die Frau ist emanzipiert, deshalb hat sie ein Recht zu arbeiten, für Geld natürlich und außer Haus. Sie ist dazu verpflichtet. Tut sie es nicht, schaut man sie krumm an. Und der Mann muss sowieso arbeiten. Aber wer macht dann die Hausarbeit? Wir sehen in Deutschland nur das Geld, nicht die Arbeit. Deswegen sehen wir auch die Leute nicht, die wirklich arbeiten. Für uns ist alles selbstverständlich. Wir gehen in ein Restaurant und zahlen 20 Euro für einen schönen Seeteufel mit feinen Beilagen und gediegener Soße. Wissen wir, wer alles daran beteiligt ist, dass wir dieses Mahl verspeisen können? Das interessiert uns nicht. Wir interessieren uns nur für den Geschmack und die Qualität der Speise auf unserem Teller. Wenn da nur ein Hauch nicht stimmt, werden wir pampig und beschweren uns. Arbeit ist unsichtbar geworden. Die Herren haben sich daran gewöhnt, den Diener zu ignorieren.

Und in Deutschland möchte praktisch jeder ein Herr sein. Wenn Hauptschüler als Berufswunsch Hartz-IV-Empfänger angeben, ist das nur auf den ersten Blick sonderbar. Schaut man genauer hin, erkennt man, dass sich diese Schüler durchaus wünschen, wie ein Herr zu leben, also nicht wie ein Knecht zu arbeiten, sondern für das Nichtstun bezahlt zu werden, Zeit für Liebe, Familie und Hobbys zu haben. Sozialhilfeempfänger genießen Herrenstatus. Man muss nicht arbeiten, um zu leben. Das hat man nicht nötig. Der moderne Privatier lebt von der Stütze. In Berlin gibt es die meisten Hartz-IV-Empfänger und die meisten Künstler. Bestimmt lassen sich dort viele vom Staat ihr Künstlerleben zwischen Kneipe und Schreibtisch finanzieren. Dass dabei nichts Gescheites herauskommen kann, versteht sich von selbst. In Berlin leben zurzeit 21 Prozent der Bevölkerung unter 65 Jahren von Hartz IV. Sie ist zu Recht die Hauptstadt Deutschlands, weil in ihr die meisten Herren leben. Dort regiert ein rot-rotes Bündnis. Man verwirklicht den Traum des Schlaraffenlandes. Keiner muss arbeiten. Das machen andere. Die doofen Bayern zum Beispiel.

Es gibt bedürftige Menschen, die nicht arbeiten können, weil sie krank sind. Es ist richtig und notwendig, solche Menschen zu unterstützen. Aber wir sollten uns schon fragen, ob 21 Prozent der Berliner nicht arbeiten können, weil sie krank sind. Das wäre ein Hammer, wenn in Berlin so viele Menschen krank und kaputt wären. Natürlich ist das nicht so. Viele Stützenbezieher fühlen sich pudelwohl. Sie sind kerngesund und putzmunter. Aber sie haben keine Lust, sich knechten zu lassen, sie wollen ihre Ruhe, und die Allgemeinheit soll dafür bezahlen. Das ist nicht in Ordnung. Das ist Betrug. Es gibt Arbeit ohne Ende, nur wollen sich viele Leute die Hände nicht schmutzig machen, weil sie sich zu fein für einfaches Buckeln sind. Sie sagen meist, sie wollen schon arbeiten, aber nur zu ihren Bedingungen: 38 Stunden in der Woche, Wochenende frei, der Arbeitsplatz soll zu Fuß erreichbar sein, der Job muss zur eigenen Qualifikation passen, man möchte Aufstiegschancen, einen Festvertrag, Weiterbildungsangebote, Supervision und koffeinfreien Kaffee. Es stimmt eben nicht, dass 99 Prozent aller Stützenbezieher um jeden Preis eine Arbeit suchen, dass sie händeringend zu Hause sitzen und verbissen auf eine Zusage warten. Niemand sollte das glauben. Und ich lasse mir auch nicht einreden, dass ich soziale Kälte verbreite und die armen und hilflosen Menschen mit den Füßen trete. Ein Teil dieser Leute ist weder arm noch hilflos, sondern kalt und berechnend. Die Knechte arbeiten sich Tag und Nacht die Finger blutig, damit ein Viertel aller Berliner gemütlich auf der Couch sitzen kann. So geht das nicht weiter. Unterstützung sollen die wirklich Arbeitsunfähigen bekommen, die es immer gibt. Das ist völlig in Ordnung und tut niemandem weh. Doch es kann nicht sein, dass jeder Fünfte von Staatsgeld lebt und sich über die Dummköpfe, die zur Arbeit gehen, kaputtlacht.

Vor zwei Jahren war ich Dozent für Deutsch und Sozialkunde in zwei Fördermaßnahmen für Sozialhilfeempfänger. Solche Maßnamen gibt es in Deutschland tausendfach. Ich bekam 15 Euro für die Dreiviertelstunde und war damit zufrieden. Nach zwei Monaten brauchte man mich nicht mehr. Ich hatte einen Mann vor mir sitzen, der 40 Jahre als LKW-Fahrer gearbeitet hatte und nach einem schweren Herzinfarkt arbeitsunfähig war. Er sagte mir, er sei zu 100 Prozent behindert. Das glaubte ich ihm sofort. Er war 62 Jahre alt und hätte wohl etwas Besseres verdient, als sich von einem Schnösel wie mir die neue deutsche Rechtschreibung beibringen zu lassen. Doch er musste es tun, sonst hätte man ihm die Gelder gestrichen. Das war die Maßnahme für die alten Leute. Danach war ich in einer Maßnahme für junge Leute. Die wurden genauso behandelt. Ich hatte einen Kerl aus Berlin Kreuzberg, der war 24 Jahre alt und hatte noch nie im Leben auch nur einen Cent verdient. Das hat er mir gesagt. Dafür machte er Hip-Hop und Kampfsport. Er war kräftig und gutaussehend, Nichtraucher und Nichttrinker, Kaffeeabstinenzler und wirklich die Gesundheit in Menschengestalt. Doch Arbeiten war nicht sein Ding. Und fast alle waren so. Keiner hatte Lust, etwas zu tun. Und die Betreiber der Maßnahme hatten auch kein Interesse, ihre Kunden zu verlieren. Nur ein junges Mädchen wollte unbedingt Leiharbeiterin werden. Man wollte es ihr ausreden, doch ich sorgte dafür, dass sie wirklich rauskam. Dann war ich schnell selber draußen.

Ich bin jetzt 38 Jahre alt und habe in vielen verschiedenen Jobs gearbeitet. Ich habe Lebenserfahrung erworben und erlaube mir, meine subjektiven Urteile mitzuteilen. Doch manchmal kommt es mir vor, als ob ich einen Sehfehler hätte und die Welt genau andersherum sähe, als es die herrschende Meinung nahelegt. Der Zensor in meinem Kopf springt schon im Dreieck vor Wut. Wie kann ich behaupten, es gäbe in Deutschland Arbeit für fast alle? Wie kann ich mich erdreisten, einem Teil der Sozialhilfeempfänger Faulheit zu unterstellen? Will ich die Dinge bewusst gegen den Strich bürsten, damit sich mein Buch gut verkauft? Ja, das auch. Aber vor allem meine ich, recht zu haben. Ich glaube einfach, dass es stimmt, was ich schreibe. Zur dreisten Lüge bin ich viel zu naiv. Wer ein ganzes Jahr in so einer Firma schuftet, obwohl er studiert hat, muss sowieso einen Schaden haben, der nur mit Naivität zu erklären ist. Es ist bei uns nicht üblich, sich unter Wert zu verkaufen. Wer einmal eine Qualifikation erworben hat, möchte sein ganzes Leben lang nie mehr darunterfallen. Ich verstehe diese Haltung nicht. Wenn ich arbeitslos bin und Geld brauche, suche ich mir einen Job, auch wenn der nicht zu meinem Profil passt. Viele finden das bescheuert. Ich nicht.

Ich finde, in Deutschland kauft man sich frei. Sobald jemand laut genug schreit, bekommt er Geld vom Staat. Das geht so seit Jahrzehnten. Unser Schuldenberg ist riesig. Mit seiner Hilfe pflegen wir die Konsensgesellschaft. Kein Konflikt wird wirklich ausgetragen, weil am Ende immer der Geldbeutel für Ruhe sorgt. Doch irgendwann ist auch die schönste Party vorbei. Irgendwann ist sogar der dickste Geldbeutel leer. Pech für den, der dann an der Regierung ist. Pech für den, der den Leuten sagen muss, dass jetzt Schluss ist mit dem Geldsegen. Viele werden es gar nicht glauben können, dass sie nun nicht mehr versorgt werden, sondern ihr eigenes Geld verdienen müssen. Die Situation in dieser Fabrik ist hochaktuell, weil sie eine Arbeitsform beschreibt, mit der in Zukunft sehr viele Leute zwangsweise Kontakt haben werden. Diese Form der Arbeit heißt Drecksarbeit, heißt gewaltige Anstrengung, heißt schmutzige Hände, Wunden am Körper, Schlaf wie bei einem Toten, ewiges Aufraffen. Viele, die jetzt noch Staatsgelder empfangen, werden schon bald selber am Fließband stehen und schwitzen. Wenn sie es nicht tun, werden sie richtig arm sein. Ein Staat kann nicht in alle Ewigkeit auf Pump leben. Irgendwann, eher früher als später, werden wohl alle halbwegs gesunden Bewohner dieses Landes für ihr Geld arbeiten müssen. Ich glaube, der Sozialstaat wird sich in Zukunft in dieser Form nicht mehr halten können. Und ich finde es auch nicht erstrebenswert, wenn sich bei uns viele Leute zu fein zum Arbeiten sind und anderswo die Menschen verhungern. Wenn wir wirklich Solidarität mit dem armen Rest der Welt beweisen wollen, müssen wir anpacken. Kein afrikanischer Slumbewohner hat Verständnis für das Luxusleben, das wir uns zurzeit leisten. Mit dem Geld könnten wir sinnvollere Dinge tun. Wenn der Staat keine Schulden mehr macht, beginnen die Verteilungskämpfe. Dann werden wir sehen, ob der soziale Frieden in Deutschland nur erkauft war oder ob die Leute wirklich so ruhig und besonnen sind, wie sie heute tun.

Ich habe geschrieben, dass der Staat sich gelegentlich als Vater empfinden sollte. Mir gefällt die Analogie zum Elternhaus. Man kann dabei viel lernen. In den letzten Jahrzehnten war der deutsche Staat wie ein Vater, der nur mit dem Geldbeutel erzog. Das war keine gute Erziehung, denn er hat seinen Kindern nur beigebracht, so lange zu schreien, bis es Geld gibt. So funktioniert Politik bei uns: Wer laut brüllt, bekommt finanzielle Zuwendung. Es ist immer dieselbe Prozedur. Eine Gruppe macht in den Medien auf sich aufmerksam, und am Schluss kommt die Forderung nach Geld. Der Staat gibt in den meisten Fällen nach. Er ist eigentlich dauernd damit beschäftigt, mit Geld schreiende Interessengruppen ruhig zu stellen. Dabei wäre es besser, wenn er öfter Nein sagen würde. Durch die Schuldenbremse wird er dazu gezwungen, doch ich kann fast nicht glauben, dass man diesen Mechanismus ernsthaft wirken lässt, denn dann wäre ein echter Politikwechsel erforderlich, und den Wechsel scheut man gerne.

Interessant ist, wie die Geldforderungen begründet werden. Man sagt: Ich habe ein Recht darauf. Wir sind ein Volk der Rechtsinhaber, wir haben viele Rechte, von denen wir gar nichts wissen. Unser Vorrat an Rechten ist unerschöpflich. Kleine Schulkinder drohen ihren Lehrern mit Anzeigen. Die Sozialgerichte werden mit Hartz-IV-Klagen überflutet. Das steht mir zu, darauf habe ich ein Recht. Mit diesen Sätzen wachsen unsere Kinder auf. Von Pflichten ist kaum noch die Rede. Was ist denn Pflicht überhaupt? Das Wort selbst kommt aus der Mode. Denn Pflicht bedeutet ja einen Zwang, etwas tun zu müssen, aber wir müssen gar nichts mehr tun. Bei uns lebt man von immensen Schulden, die irgendwann in der fernen Zukunft von den Enkeln, die wir nicht haben, bezahlt werden müssen. Man kann sagen, dass so ein Verhalten verantwortungslos ist. Außerdem ist es egoistisch und kurzsichtig. Diese Verhaltensweisen habe ich in der Firma in konzentrierter Form erlebt, aber ich glaube nicht, dass es draußen anders ist. In dieser Firma waren Ausländer beschäftigt, die schon daran interessiert sind, sich an die deutschen Verhältnisse anzupassen. Und ich glaube, es ist ihnen gut gelungen. Ein Ausländer hat einen klaren Blick dafür, welche Grundregeln im Gastland herrschen. »Egal«, sagte man bei uns. »Egal«, sagt man in ganz Deutschland, der Papa wird's schon richten. Am Ende kommt der Staat und gibt Geld. Ich selbst muss nichts anderes tun, als laut und deutlich zu schreien. Ich muss jammern und wehklagen. Jeder soll sehen, dass es mir schlecht geht. Das kommt dann erst in die Zeitung, dann in ein paar Bücher, dann ins Fernsehen, und dann kriegen ich und meine Leute mehr Geld. Natürlich erwartet man von einem Buch wie diesem, dass es die drastische Situation in den Billigfabriken schildert und in irgendeiner Weise mehr Geld für die Leute dort fordert. Diesen Gefallen kann ich meinen Lesern nicht tun. Denn das Geld kann man nicht einfach drucken. Man muss es sich verdienen. Wenn dieser Zusammenhang nicht mehr gilt, dann gibt es das System, in dem ich aufgewachsen bin, nicht mehr. Eigentlich weiß ich nicht, ob es überhaupt noch existiert.

Millionen Menschen arbeiten in diesem Moment. Sie schwitzen vor ihren Computern, in langweiligen Meetings, in ihren Lagerhallen, an der Kasse, vielleicht sogar im Bergwerk. Diese Menschen verdienen Geld. Ein großer Teil davon wird ihnen vom Staat genommen. Das sind die Steuern. Mit diesem Staatsgeld werden zum größten Teil Menschen, die nicht arbeiten, versorgt. Das ist gut und richtig, wenn diese Menschen wirklich nicht mehr arbeiten können, weil sie alt, krank oder aus gutem Grund verhindert sind. In Deutschland hat sich aber eine Tendenz zum unsozialen Verhalten eingeschlichen. In dieser Firma habe ich unsoziales Verhalten miterleben müssen. Und auch draußen spüre ich, dass viele Menschen nur darauf aus sind, den Staat und alle anderen so gut zu betrügen wie möglich. Es ist an der Zeit, diesen Betrügereien entgegenzutreten. Wir brauchen ehrliche Eliten, ehrliche Politiker, ehrliche Manager, ehrliche Richter, ehrliche Journalisten, dann haben wir auch eine ehrliche Bevölkerung. Und dann strahlt dieses Land wieder einen Glanz aus. Im Moment wirken wir etwas matt. Ist das zu viel verlangt? Ehrlichkeit? Ehrlichkeit hat mit Ehre zu tun. Kennen wir das noch? Dieses Gefühl namens Ehre?

Wir kennen Ehrenmorde. Die kommen bei den türkischen Zuwanderern vor. Überhaupt ist Ehre eine Sache der Ausländer bei uns. Wir Deutschen haben es mit der Ehre nicht mehr so sehr. Wir halten Ehre für ein altmodisches Konstrukt. Wir reden auch nicht mehr von Herren und Knechten. Wir verwenden das Wort Faulheit selten bis gar nicht. Auch der Begriff Naivität erscheint uns überholt. Es kann sein, dass ich eine Sprache verwende, die heute obsolet ist. Man redet nämlich nicht mehr klar und deutlich, sondern nuschelnd und verwaschen. Es geht mir oft so, dass ich Zeitungsartikel lese oder Radiointerviews höre und am Ende gar nicht weiß, was eigentlich gemeint ist. Leider kann man bei den klassischen Medien nicht einfach nachfragen. Im Internet geht das. Aber auch dort hat sich eine nebelige Unklarheit eingeschlichen, die einem Angst machen kann. Sind das schon die Folgen des Klimawandels? Werden wir alle ein bisschen blöde? Ich habe von der Dummheit geschrieben, die mir in der Firma aufgefallen ist. Ich wage es kaum zu sagen, aber mir fällt auch an anderen Orten eine gewaltige Dummheit auf. Das klingt arrogant. Aber was soll ich tun? Mir begegnet ständig die Dummheit. Sie verfolgt mich. Wenn ich den Fernseher einschalte, schaut sie mir direkt in die Augen. Vielleicht sollte man mal wieder darauf hinweisen: Unsere Kultur toleriert auch das absolut Bescheuerte. Man kann die Augen davor nicht verschließen. Die Dummheit versucht auch bei uns das Ruder zu übernehmen. Sie ist ein starker und gefährlicher Gegner. In einem Land, das von der Dummheit regiert wird, möchte ich nicht leben. Es heißt immer, der Klügere gibt nach. Diesen Satz sollten wir überdenken. Der Klügere sollte nicht nachgeben, sondern das Heft in der Hand behalten oder es zurückerobern, wenn er es verloren hat.

Ich glaube, Dummheit geht mit unsozialem Verhalten einher. Wenn wir die Dummheit zurückdrängen, gewinnen wir die Ehrlichkeit. Deshalb kann ich auch nichts anderes empfehlen als Bildung. Es sagt sich leicht: Man muss die Leute bilden. Doch wie macht man das? Wie bildet man Menschen? Das scheint Sisyphusarbeit zu sein: Wo fängt man an, wo hört man auf? Es gibt so viele Menschen, die kaum lesen können, die sich mit Computerspielen verblöden, die ihre Jugend im Vollrausch verbringen. Der Sumpf ist so gewaltig, dass eine Trockenlegung illusorisch erscheint. Man kann nicht alle aus der breiten Masse ausreichend bilden. Umso stärkeren Wert sollten wir darauf legen, dass in den höheren Etagen auch wirklich eine höhere Bildung regiert. Wenn oben alles in Ordnung ist, stimmt auch der Rest. In der Firma war oben nicht alles in Ordnung. Wir bekamen Anweisungen, die nicht durchführbar waren. Man verlangte von uns unmögliche Dinge, die wir ignorieren mussten. Die Firmenführung hatte keine Vorstellung davon, wie die Dinge unten funktionieren. Sie wusste nicht, was in den Hallen überhaupt los ist. Sie kannte nur ihre Verkaufszahlen und die Sonderwünsche der Großkunden. Die gab sie völlig unreflektiert an uns weiter. Und wir sollten dann sehen, wie wir es hinbringen. Man kann von der Führung verlangen, dass sie weiß, was gespielt wird. Das gilt nicht nur für meine Firma, sondern für das ganze Land. Wenn die Oberen nicht wissen, wie ihre Gesetze unten ankommen, sollten sie keine machen. Oben sollen die Klugen sein. Wenn oben ein Dummkopf sitzt, ist unten Achterbahn.

Es heißt, wir leben in einer Wissensgesellschaft. Also herrscht das Wissen. Also herrschen die Wissenden. Stimmt das? Sind ganz oben wirklich die klügsten Köpfe? Oder ist da auch mal der Freund vom Bruder, die Ehefrau und der Onkel des Schwiegervaters? Menschen sind keine Maschinen. Sie reagieren und handeln menschlich. Natürlich spielt bei der Besetzung der höchsten Posten der pure Leistungsgedanke nicht immer die Hauptrolle. Es ist eine Sache, den idealen Staat im Geist aufzubauen, und eine andere, die Umsetzung in der Praxis zu sehen. Der menschliche Faktor macht den Theoretikern oft einen dicken Strich durch die Rechnung. Meistens ist der Theoretiker auch ganz überflüssig, weil sich ohnehin alles von selbst einrichtet. Die Menschen bauen sich ihre Gesellschaft selber. Anders geht es nicht. Der Denker kann eben nur denken und nicht bauen. Er kann die Dinge reflektieren, er notiert Gesehenes, fasst zusammen, bringt auf den Punkt. Der Theoretiker gehört zum Gehirn der Gesellschaft. Der Ökonom, der Soziologe, der Statistiker, der Biologe, der Journalist, auch der Politiker, sie alle sind Gehirn und Kopf der Gesellschaft. Leider sind wir im Moment viel zu kopflastig. Eine Gesellschaft hat auch Hände und Füße, einen Hintern, einen Bauch und alles andere. Der Körper dieser Gesellschaft interessiert mich. Er spielt in diesem Buch die Hauptrolle. Die Menschen, die nicht schreiben und forschen, die nicht auf Podien reden und im Fernsehen predigen, Menschen, die auf keiner Bühne stehen, die nicht im Rampenlicht strahlen. Ich rede über die Mehrheit, über die arbeitende Bevölkerung, über die, die täglich und nächtlich bei der Arbeit sind. Ich spreche über die Leute, die all das tun, was sich die Wissenden ausdenken. Ich will beschreiben, wie es sich anfühlt, ein Instrument zu sein.

Hoffentlich ist es mir tatsächlich gelungen, klarzumachen, wie sich die Menschen in den Fabrikhallen fühlen, wie es ist, ein Billigarbeiter zu sein. Diese Millionen Menschen müssen tun, was die Oberen verlangen. Es ist daher von besonderer Dringlichkeit, dass die Oberen fähige Leute sind. In der Firma hatte ich daran Zweifel. Das sagte ich einem Freund, der selbst jahrelang Arbeiter war. Er teilte mir etwas mit, das mir zu denken gab. Er sagte, ein guter Arbeiter steige nie auf. Ich fragte erstaunt, warum. Er sagte, der Chef wäre schlecht beraten, einen guten Mann aufsteigen zu lassen, denn ein guter Mann macht Arbeit für drei. Das klingt leider logisch. Die Konsequenz daraus wäre, dass die Unfähigen aufsteigen. Die Leute, die man in der Halle nicht brauchen kann, weil sie zu schlecht sind, lässt man in höhere Posten steigen. So darf es natürlich nicht sein. Oben muss die Arbeit schwieriger werden, denn oben bekommt man auch mehr Geld. Ist es so? Wälzen sich Manager, die über Tausende entscheiden, nachts im Schlaf? Spüren sie die Verantwortung? So sollte es sein. Es ist schlecht, wenn der einfache Mann auf der Straße feststellen muss, dass er gescheiter ist als sein Chef. Die Leute halten es nicht für möglich. Sie reiben sich die Augen. Es ist skandalös, wenn sich herausstellt, dass hochbezahlte Entscheidungsträger Anfängerfehler machen. Im Volk kommt das nicht gut an. Das Volk erwartet, dass die Oberen klüger sind als es selbst. Wenn das Volk merkt, dass oben ein Dummkopf am Steuer sitzt, wird es unruhig. Deswegen sollte man so etwas vermeiden. Wichtige Entscheidungsträger sollten auf jeden Fall fähig genug sein, um den Posten zu bekleiden. Es kann nicht sein, dass ein unkonzentrierter Jungspund über das Wohl und Wehe zahlreicher Familien entscheidet.

Die Finanzkrise hat ihre Ursache in menschlichem Versagen. Die falschen Leute saßen an wichtigen Positionen. Es wurden Fehler gemacht, die den richtigen Leuten nicht passiert wären. In einer funktionierenden Gesellschaft hat jeder früher oder später den richtigen Ort für sich gefunden. Es gibt besondere Arbeitsplätze, die besondere Qualifikationen und menschliche Eigenschaften erfordern. Es ist schwierig, vorher zuverlässig herauszufinden, ob Arbeitsplatz und Bewerber wirklich zusammenpassen. Man merkt erst, wenn es zu spät ist, dass beide nicht harmonierten. Im schlimmsten Fall geht dann eine Firma pleite oder ein Staat. Der Markt und die Historiker sind letzte Instanzen, die hinterher immer schlauer sind. Vor kurzem las ich einen Bericht über Afrika. Der Autor schrieb, dort gebe es nur Probleme, weil schlechte Leute an wichtigen Posten sitzen. Ein Bandenboss erobert mit Gewalt die Macht und bringt seinen ganzen Clan unter. Das nennt man Nepotismus. Den muss man bei uns verhindern.

In meiner Firma war das System schon kaputt. Die Oberen waren teilweise unfähig. Wir Unteren in den Fabrikhallen nahmen die Oberen deshalb nicht mehr ernst. Wir ignorierten sinnlose Anordnungen. Wir machten unser eigenes Ding. Wir lachten über die Deppen in den Chefetagen. Wir gingen durch die Hallen und sagten »egaaal«, dabei lachten wir uns an und die Oberen aus. Eine Zeit lang kam so etwas wie Hoffnung auf, vielleicht war es aber auch nur Spaß, da riefen wir kampflustig »Obama, Obaaaama«. Den halten die Leute für fähig. Endlich mal ein Gescheiter ganz oben. Die Leute lieben ihn, weil sie spüren, dass er Ahnung hat, was unten los ist. Ein Fähiger an der Macht, das nennt man eine glückliche Fügung. Die Geschichte wird zeigen, ob unsere Hoffnung berechtigt war. Eigentlich glaubt keiner mehr daran, dass ganz oben wirklich mal ein Guter auftaucht. In meiner Firma war das so. Das Ergebnis war ein grauenhaftes Chaos, in dem sich jeder selbst der Nächste ist und ein Gedanke wie Solidarität nicht mehr vorkommt.

Zum Beispiel war es ein 24-Stunden-Betrieb. Es gab drei Schichten, die nacheinander arbeiteten. Am Anfang war ich noch engagiert. Ich bereitete für die Nachtschicht so viel vor wie möglich, holte Kisten, Paletten, machte sauber und besorgte neue Tüten. Man lachte mich aus.

»Nur für uns«, sagten sie immer. »Nachtschicht scheiß-egal.« Ich entschuldigte das Verhalten zunächst, weil ich meinte, die Leute, die so etwas sagen, sind nicht klar im Kopf. Aber bald zeigte sich sogar der Meister als Egoist. »Tut die Frühschicht irgendwas für uns?«, fragte er mich, und als ich verneinte, sagte er: »Na also.« Dann hatte ich es kapiert. Solidarität ist in einer kaputten Firma wie dieser nicht mehr angesagt. Das merkte man auch an den aufgebrochenen Spinden und dem verschwundenen Geld. Wenn die Führung sich zu lang als eine Mixtur aus In-kompetenz und Bosheit zeigt, wird die Belegschaft gleich-gültig und unsolidarisch. Dann sind einem auch die Pro-dukte egal. Und man nimmt es mit der Hygiene nicht mehr so genau. Es war ein Albtraum. Diese Firma war eine kleine Gesellschaft am Abgrund. Man kann durchaus Schlüsse ziehen und die große Gesellschaft vor bestimm-ten Fehlern warnen. Einer wäre Führungsversagen. Der Fisch stinkt vom Kopf her, heißt es. Oben muss alles stim-men. Dann stimmt unten auch das meiste. Denn oben wird entschieden, was unten getan wird. Oben sind we-nige. Unten sind viele. Umso wichtiger erscheint mir, dass oben auch die Richtigen arbeiten.

Mut und Realismus

Wenn man in so einer Firma Eindrücke sammelt und sie dann in einem Buch ausbreitet, beginnt man darüber nachzudenken, welche Lehren man mitnimmt. Für mich war das kein Job, sondern ein Blick in die Zukunft. Den verschärften Globalkapitalismus habe ich schon gesehen: brutale Geschwindigkeit, menschenverachtender Leistungsdruck, ethnischer Pluralismus, Entsolidarisierung und schmutzige Fließbänder. Das sind keine Erscheinungen der Vergangenheit, sondern Phänomene der Zukunft. Wenn sich nichts ändert, steuern wir direkt in eine Arbeitswelt, die überall ist wie diese Firma. Denn der Verdrängungsdruck nimmt zu. Die gemütlichen Zeiten sind vorbei. Die Arbeitslosigkeit steigt. Die Arbeitgeber können sich noch mehr erlauben. Und das werden sie tun müssen, um im Wettbewerb zu bestehen. Das Chaos breitet sich aus. Die Menschen werden noch mehr Drogen nehmen, es wird noch mehr psychische Zusammenbrüche geben, mehr Ehen werden geschieden, mehr Kinder geschlagen, mehr Menschen werden Amok laufen, viel mehr Arme werden in den Straßen hungern. Ich sehe kalte Stürme auf uns zukommen. Aber natürlich kann ich mich täuschen. Mein Urteil ist subjektiv.

Wir leben in mehreren Krisen. Der Klimakollaps droht. Der Staat kann zusammenbrechen. Die Hyperinflation ist möglich. Der Atomkrieg sowieso. Die Sicherheit der Lebensplanung ist verschwunden. Jeder Tag kann eine neue Katastrophe bringen. Die Angst ist unser ständiger Begleiter. Auch unsere Gesundheit ist ein Krisenfeld. Aus allen Lautsprechern dröhnt uns die ideale Lebensführung entgegen. Tu dies, lass das. Fünfmal Gemüse am Tag. Bewegung. Nicht rauchen. Kein Fett. Und so weiter. Auch in der Erziehung lauern Fehler. In der Liebe. Beim Sex. Im Straßenverkehr. Doch niemand ist perfekt. Jeder hat Angst, etwas falsch zu machen. Das Ergebnis ist eine unglaubliche Verzagtheit der deutschen Bevölkerung. Ökonomisch sind wir Spitze. Unser Gesundheitswesen ist erstklassig, unsere Lebenserwartung hoch, der Sozialstaat sucht seinesgleichen. Wir müssten vor Glück zerspringen, aber wir lassen die Köpfe hängen. Denn die Angst hat uns fest im Griff. Wir müssen diese Angst besiegen. Laut einer Studie haben 60 Prozent der US-Amerikaner Angst davor, Rasen zu mähen. So weit darf es bei uns nicht kommen. Angst besiegt man im Kopf. Wir müssen uns fragen, ob all diese Ängste berechtigt sind oder ob wir sie uns einbilden.

Meiner Generation wirft man Pragmatismus vor. Wir seien unpolitisch und egoistisch. Das Schicksal der Welt sei uns egal. Wir dächten nur an uns. Wir wollten Familien gründen, genug zu essen, gelegentlich Urlaub und ab und zu Sex. Ich weiß nicht, was daran falsch sein soll. Die idealistischen Weltverbesserer haben doch nur Kriege hervorgebracht. Die Phantasten jeder Couleur nerven mit ihren verbohrten Gesetzen. Jeder meint es gut mit uns und zwängt uns in ein Korsett aus Vorschriften. Wir wollen aber unsere Ruhe. Wir wollen unser Ding machen und das Leben genießen. Wir wollen in Wohlstand leben. Wir sind müde. Wir wollen chillen. Wir wollen cool bleiben. Und wir brauchen unseren Schlaf. Wenn sich die Gelegenheit zu schnellem Geld bietet, greifen wir zu. Ideologisch sind wir nicht. Meinungen wechseln wir wie Unterhosen. Die Politik kommt uns gestrig vor. Wir glauben, die Politiker sind genauso egoistisch wie wir. Denn wir können uns nicht vorstellen, dass jemand anders ist. Wenn doch, halten wir ihn für krank. Wir sehen die Welt, wie sie ist, und nicht, wie sie sein soll. Wir glauben, dass wir sie nicht grundlegend ändern können. In jedem System sind dieselben komischen Leute an der Macht. Uns ist egal, wie sich die Chose nennt. Es ist ja doch immer dasselbe.

Wer möchte, soll uns Resignation vorwerfen. Wir haben uns tatsächlich ergeben. Unsere Kapitulation ist umfassend. Wir fügen uns in alles, was uns hält. Unser Wille ist vor den Bildschirmen zerflossen. Niemand fürchtet uns, weil wir selber zittern. Wir sind verzärtelt. Die meisten von uns kennen echtes Leid nur aus dem Fernsehen. Jetzt merken wir, dass es näher kommt. Deswegen haben wir Angst. Wir klammern uns an Karrierepläne, studieren fleißig Punkt um Punkt, versuchen alles richtig zu machen und ahnen doch die Vergeblichkeit des Unterfangens. Immer umgibt uns ein Hauch von Niedergang. Die Luft riecht schon im Frühling herbstlich. Mehrere Schwerter pendeln über unseren Köpfen, und wir fürchten, dass sie fallen. Jede Katastrophenmeldung bestätigt uns. Die Nachrichten kommen im Minutentakt. Für stilles Glück haben wir keine Zeit, weil wir ständig mailen, twittern und skypen müssen. Wir sind gefangen im Netz. Wir sind Opfer der Technik, der Mode, der Fitness, der Karriere, der Selbstverwirklichung, der Zufriedenheit, der sexuellen Befreiung und der Information. Wie soll man da revoltieren? Geht das überhaupt?

Wenn wir merken, dass uns einer ans Leder will, werden wir bissig. Unsere Geduld ist groß, aber nicht grenzenlos. Wir können durchaus wütend werden. Wir sind immer in der Lage, uns zu organisieren. Wir sind eine potenzielle Macht, die sich formiert, wenn sie muss, aber auch nur dann. Zum Aufstand aus Freude haben wir keine Zeit. Wenn wir aufstehen, werden wir effektiv sein. Die tanzende Revolution mit Blumengirlanden und Haschkeksen halten wir für Folklore. Wir sind vom Typ her gnadenloser als die Generationen vor uns. Die Signatur des Kapitalismus hat sich uns stärker eingeschrieben. Was wir für Spaß halten, finden unsere Eltern schon kriminell. Die Zeiten werden härter, die Menschen auch. Wir erscheinen oft smart, doch die Maske trügt. Weiche Schale, harter Kern. Das trifft auf uns zu. Wer unseren Kern angreift, darf nicht mit Diskussionen rechnen. Wir handeln schneller und reden weniger. Man sollte sich über unsere Kraft nicht täuschen. Bis jetzt mussten wir sie noch nicht zeigen.

Wir sind gefährlich, weil wir Angst haben. Wir stehen unter Druck. Der Kessel kann platzen. Dampf ablassen wäre gut. Aber wo geht das? Jede Schlägerei wird angezeigt. Trinken geht nicht. Rauchen geht nicht. Im Fußballstadion tanzen Kuschelbären. Unsere Frauen sind emanzipiert. Im Fernsehen läuft nur Kinderkram. Kulturell verharren wir im »Musikantenstadl«. Die Zeitungen sind für Alte. Die Intellektuellen sind selber alt. Politik ist eine Farce. Außerdem arbeiten wir dauernd oder suchen Arbeit oder reden über Arbeit. Zeit zum Austoben haben wir nicht, weil wir Karriere machen. Wir können nicht mal in Ruhe nachdenken, weil man uns keine Ruhe lässt. Der Druck steigt. Die Lebensqualität sinkt. Ventile wurden abgeschafft. Kein Wunder, wenn der Deckel irgend wann hochgeht. Meine Generation ist nicht gelassen und entspannt. Sie ist hochgradig nervös. Uns fehlt der klare Blick und der kühle Kopf. Wir sind am Limit. Wir geben 100 Prozent. Jeden Tag. Von früh bis spät. Wir wissen nicht, wie lange wir das durchhalten.

Warum halten wir es überhaupt durch? Warum tun wir uns das an? Fünf Praktika hintereinander, Schufterei im Billigbereich, Studium, Lernen, Lesen, Leistung? Wozu soll das gut sein? Macht es denn Spaß? Man sagt oft, wir seien eine Spaßgesellschaft. Doch stimmt das? Sind wir nicht eher eine Angstgesellschaft? Haben wir nicht Angst vorm Versagen und tun uns deshalb alles an? Haben wir nicht Angst, in der Brotfabrik zu enden, für 8 Euro 10, und beeilen uns deshalb so mit der Karriere? Wir haben Angst vor der Armut, vor Hartz IV, vor Tabak aus dem Beutel und Dosenbier. Deshalb strengen wir uns an. Die Angst ist unser Antrieb, nicht der Spaß, nicht der Genuss, nicht der Wille zum besseren Leben. Wir sind im Wohlstand aufgewachsen. Jetzt wird es immer schlimmer. Die Armut breitet sich rasend aus. Die Löhne sinken. Die Preise steigen weiter. Wir haben fürchterliche Angst, schlechter dazustehen als unsere Eltern, abzusteigen, unterzugehen. Wir verteidigen den Status quo. Wir wollen nichts anderes als den Erhalt des Alten. Deshalb sind wir politisch konservativ und nicht progressiv. Manche sind sogar regressiv und wohnen mit 35 noch bei ihrer Mama. Wir haben Angst, dass man uns den Wohlstand wegnimmt. Wir haben Angst vor Krankheit. Vorm Anderssein. Vorm Unglück.

Wie berechtigt ist diese Angst? Mir zum Beispiel geht es gut. Aber ich kenne viele, denen es finanziell schlechtgeht. Damit meine ich nicht nur die Leute von ganz unten, sondern auch die aus der Mitte. Denn die Mitte löst sich auf. Ein paar gehen nach oben. Viele gehen nach unten. Ich habe schon gesagt, dass man hochkommen kann, wenn man sich anstrengt. Da werden manche bitter lachen, denn sie strengen sich schon wahnsinnig an und kommen trotzdem nicht hoch. Man hüpft und meint, die

Mauer sei zu groß. Man darf nicht aufgeben. Man muss immer weiterhüpfen. Bis man drüber ist. Irgendwann klappt es. Oder auch nicht. Wenn man alt wird und die Kraft nachlässt, mag man nicht mehr hüpfen. Dann bleibt man eben unten. Dann fällt man vielleicht auch runter. Aber ist das so schlimm? Ich war schon unten, und ich sage, es ist nicht schlimm. Unten ist es besser, als wir glauben. Es ist anders. Es ist ärmer. Es ist körperlich anstrengender. Aber es ist nicht schlimm. Vor dem Abstieg müssen wir keine Angst haben. Unten ist nicht die Hölle. Ich glaube nicht, dass es eine Hölle gibt. Und wenn, dann ist sie oben. Denn oben ist die Verantwortung. Und die geht an die Psyche. Die einfachen Arbeiter in den billigen Firmen scheren sich nicht um Verantwortung. Die leben insgesamt glücklicher als die Führungskräfte im Anzug. Deswegen ist diese Angst eine Seifenblase, die leicht zerplatzt, wenn man die Realität kennt. Es ist wie die Angst des kleinen Kindes vor dem dunklen Keller. Man traut sich nicht rein. Aber wenn man erst mal drin war, weiß man, wie schön ein Keller sein kann. Zum Beispiel hat man seine Ruhe. Und Ruhe täte meiner zappligen Generation gut.

Ich will Werbung machen für die Arbeit im Billigbetrieb. Geht doch mal hin, schaut es euch an, macht mit. Das ist besser, als dauernd Bewerbungen zu schreiben und arbeitslos zu Hause zu hocken. Die Arbeitgeber werden mit Bewerbungen überhäuft. 500 Stück sind keine Seltenheit. Pfeif drauf. Die brauchen doch nur einen. Da verkaufe ich lieber Hamburger oder Bratwürste. Da klaube ich lieber den Müll im Park zusammen, als Nummer 498 auf dem Tisch eines arroganten Entscheiders zu sein. Wenn man dann sein Geld verdient, seine 1000 Euro im Monat, kann man ganz anders auftreten, viel cooler.

Nachdem ich Billigarbeiter war, schrieb ich Spaßbewerbungen. Ich ärgerte ein paar Personalbüros. Einfach so. Das hat mir gefallen. Man kann mit 1000 Euro im Rücken richtig frech sein. Da lässt man sich nicht mehr runterputzen von elenden Vorstellungsgesprächen mit blöden Kaffeetassen und zudringlichen Fragen. Widerstand hat viele Formen.

Ich hätte viel früher die Vorstellung von der geradlinigen Karriere aufgeben müssen. Zu viele Bewerbungen habe ich geschrieben, zu oft ließ ich mich von potenziellen Vorgesetzten demütigen, viel zu oft bin ich im Zug oder im Auto gesessen, zitternd um den neuen Job. Wenn ich gleich einfach gearbeitet hätte, wäre ich heute weiter. Die großen Unternehmerpersönlichkeiten haben alle klein angefangen. Die haben sich nicht so rumjagen lassen wie ich. Die hatten ihren Stolz und waren nicht so verzagt und risikoscheu. In Deutschland fehlt Wagemut. Wir sollten uns mehr trauen. Und wir sollten stolzer werden. Nicht auf Deutschland, sondern auf uns selbst. Wir sollten uns das alles nicht bieten lassen. Viel früher sollten wir Stopp sagen. Bis hierher und nicht weiter. Wir sind doch keine Sklaven. Man scheut den Sprung ins kalte Wasser. Doch eiskaltes Wasser erfrischt und macht wach.

Es sind schwere Zeiten. Die Arbeitslosigkeit ist hoch. Viele haben den Mut verloren. Sie hängen zu Hause rum oder lassen sich durch Maßnahmen schleusen, die nichts bringen. Es gibt aber immer noch Arbeit. Billige Arbeit, schlechte Arbeit, unseriöse Arbeit. Nicht das, was wir uns vorstellen, aber trotzdem eine Möglichkeit, rauszukommen aus der Apathie. Es gibt nichts Demütigenderes, als arbeitslos zu Hause zu sitzen und sich überflüssig zu fühlen. Das ist unbeschreiblich furchtbar. Deswegen müssen diese Leute raus. Und zwar nicht in der Obhut des Staates.

Sie brauchen kein Händchenhalten, keinen Coach, keine Mama, die sie zum Chef bringt. Sie müssen Mut bekommen. Den Mut anzugreifen, rauszugehen, Geld zu verdienen, ganz egal ob schwarz oder weiß. Mut brauchen diese Leute. Wagemut. Viele gehen ins Ausland. Aber mit dem Mut, den sie erst dort entwickeln, könnten sie es hier auch schon schaffen. Man muss den Kampfgeist wecken, der in jedem schlummert. Man muss das Wilde in den Menschen reizen. Diese Zeiten sind nichts für komplett Domestizierte. Wir brauchen widerständige und stolze Leute, die nicht alles schlucken. Deutschland muss lebendiger werden. Dann wäre viel gewonnen.

Wahrscheinlich wird Deutschland ohnehin lebendiger. Im Jahr 2030 werden 40 Prozent aller Berufsanfänger einen Migrationshintergrund haben. Deshalb ist diese Firma die Zukunft und nicht die Vergangenheit. Eine neue Klassengesellschaft wird heraufziehen. Unten die Ausländer in den Billigfirmen, oben reiche Deutsche, draußen arme Deutsche. Ich möchte dafür eintreten, dass draußen niemand ist. Die arbeitslosen Deutschen sollen begreifen, dass es in einer Billigfirma besser ist als zu Hause. Das wird ein hartes Stück Arbeit, denn wir sind Werbung für miese Jobs nicht gewohnt. Überall wird uns nur die goldene Karotte gezeigt, der riesenhafte Erfolg in den angenehmen Berufen mit hübscher Sekretärin und tollem Firmenwagen. Doch das ist nichts als eine Traumwelt, die man uns vorgaukelt. Die paradiesischen Stellen gibt es nur für wenige. Die Masse wird sich in dieser schillernden Werbewelt nicht wiederfinden. Es ist Zeit, realistisch zu werden. Wir müssen begreifen, dass Deutschland in 20 Jahren ganz anders aussehen wird. Wir müssen uns damit abfinden, dass der Wohlstandsbummelzug abgefahren ist und der Kapitalismus gewonnen hat. Unsere

Träume von erfüllter, angenehmer, gut bezahlter Arbeit müssen wir zunächst aufgeben. Wir können solche Arbeitsplätze bekommen, aber es wird nicht ohne Anstrengung funktionieren. Die Lehrjahre am Fließband werden zum Pflichtprogramm. Und nicht jeder wird ans Ziel kommen, denn die Chefsessel sind knapp.

Was ich hier schreibe, ist eine Selbstverständlichkeit. Lehrjahre sind keine Herrenjahre. Der Spruch ist so alt wie die Wirtschaft. Und doch ist heute eben vieles nicht mehr selbstverständlich. Die jungen Leute scheinen mir ziemlich verwöhnt zu sein. Und die älteren auch. Man hat so ein Anspruchsdenken, das von der Realität nicht gedeckt werden kann. Daraus folgt Enttäuschung. Jeder will nur bekommen und nichts geben. Ich weiß, dass diese Klage schon in der Antike vorgebracht wurde, aber das macht sie ja nicht falsch. Die Zukunft wird schwieriger. Darauf weisen alle Daten hin. Die Menschen müssen sich noch mehr anstrengen als heute. Und weil es ein globales Phänomen ist, kann man diese Tatsache auch nicht einfach per Gesetz abschaffen. Bald werden 10 Milliarden Menschen auf der Welt leben. Dass man da um sein Brot mehr kämpfen muss, liegt auf der Hand. Viele sind gedanklich noch in den fetten achtziger Jahren des letzten Jahrhunderts. Man träumt von Frieden und Wohlstand für alle. »Deutschland, einig Freizeitpark« ist aber eine Illusion. Und es genügt auch nicht zu fordern, dass die da oben mehr abgeben. Die da oben werden nichts abgeben. Der Löwe teilt seine Beute nicht mit den Feldmäusen. Der fortgeschrittene Kapitalismus gleicht einem Dschungel. An den muss man sich anpassen. Oder man versucht gleich, das ganze System abzuschaffen. Aber für so eine Aufgabe muss man erst recht durch die harte Schule gehen. Am Sprung ins kalte Wasser führt kein Weg vorbei.

Die Zaghaftigkeit ist im Dschungel kein Vorteil. Die Angst war schon immer ein schlechter Ratgeber. Die neue Welt belohnt den zupackenden Charakter. Dem Draufgänger gehört die Zukunft, nicht dem Zauderer.

Natürlich kann man sich eine bessere Welt vorstellen, aber wir können sie uns nicht backen. Wir haben nur diese eine Welt, und wir haben nur dieses eine Leben. Wir sind in diese Welt geworfen und müssen uns darin behaupten. Es nützt nichts, den ganzen Tag zu jammern, wie schlimm und schrecklich alles ist. Ja, es ist schlimm und schrecklich, aber was sollen wir tun? Wir können nicht viel machen. Grundlegende Veränderungen brauchen Jahrhunderte. Wir leben aber nicht so lang. Deshalb ist es besser, sich mit dem Vorhandenen zu arrangieren. Auf diesem Boden müssen wir wachsen. Wir haben keinen anderen. »Muss, muss«, sagt Sergej, und das gilt für uns alle. Wir müssen. Die Alternativen schlummern in der Traumwelt. Im Hier und Jetzt regiert der Sachzwang. Max Weber sprach vom eisernen Gehäuse der Moderne. Wir spüren es Tag und Nacht. Die Deutschen neigen zum Idealismus. Heute merken sie, dass man damit unglücklich wird. Die meisten ahnen, dass der Tina-Satz von Carl Amery richtig ist: There is no alternative. Wir haben keine zweite Welt im Gepäck. Und nicht alles ist machbar.

Der Fortschritt ist deshalb ein Märchen, weil es ihn gar nicht gibt. Wo soll der Fortschritt denn sein? Ich sehe nach wie vor krasse Ausbeutungsverhältnisse. Ich sehe Medien, die bewusst verblöden. Und ich sehe Menschen, die im Nebel herumstochern. Da hat sich nicht wirklich viel verändert. Es gibt immer noch Kriege und Grausamkeit, Lüge, Betrug und Verbrechen. Es gibt Hunger auf der Welt. Man könnte ihn innerhalb von Monaten abschaffen. Die USA haben kürzlich 9 Billionen Dollar

Schulden gemacht, um ihre Wirtschaft wieder flottzukriegen. Um den Hunger zu besiegen, genügt ein Drittel dieses Geldes. Aber hungernde Menschen sind den Löwen unseres Dschungels egal. Die Gleichgültigkeit der Mächtigen ist pathologisch. Man wird sie eines Tages zur Rechenschaft ziehen. Bis dahin müssen wir diese Welt ertragen, wie sie ist. Nur einen Fehler sollten wir nicht machen: Wir sollten den Märchenonkeln nicht mehr glauben. Die Oberen erzählen uns tolle Geschichten, die alle falsch sind. Es gibt keinen einfachen Weg an die Spitze. Man muss seine Angst überwinden und im Dreck wühlen. Das sagen die Oberen uns nicht. Sie lullen uns ein. Davor muss man sich schützen.

Erstens erzählen sie uns, dass das Leben ein Spaziergang sei. Das stimmt nicht. Und zweitens machen sie uns ständig Angst. Wenn von Arbeit im Billigbereich die Rede ist, wird im Fernsehen dramatische Musik eingespielt, als ob es eine Hölle wäre, in die man geraten kann, wenn man nicht gehorcht. Es ist aber keine Hölle, sondern eine Chance, wieder auf die Beine zu kommen. Und dann dieser Gesundheitsterror! Das Ziel dahinter kann nur Angstmache sein. Warum soll man die Gesundheit anbeten? Jeder Mensch muss sterben. Die einen früher, die anderen später. Man kann ein langes Leben nicht erzwingen. Auch dann nicht, wenn man alle Regeln befolgt. Wenn die Zeit gekommen ist, tritt man ab. Was soll also diese Aufregung um Body-Mass-Index und Raucherlungen? Man will den Menschen Angst einjagen, und das gelingt auch. Ängstliche Menschen kann man leichter über den Tisch ziehen. Sie sind folgsamer. Sie lassen sich mehr bieten. Wir müssen unsere Angst überwinden. Wir müssen die Einschüchterungsstrategie durchschauen und uns dagegen immunisieren. Wie geht das?

Die größte Angstmaschine ist der Fernseher. Ich schalte nur bei Sport, Politik oder Sex ein. Alles andere scheint mir angstmachende Verblödung zu sein. Ich schlafe schlecht nach einer TV-Nacht. Die Inhalte sind so mies, dass ein vernünftiger Mensch daran zerbrechen kann. Enzensberger hat das Fernsehen als Nullmedium bezeichnet. Es ist ein Minusmedium. Wer zu viel glotzt, wird ängstlich. Und er verplempert wertvolle Zeit. Man sollte auch beim Radio aufpassen. Bei uns gibt es unfassbar schlechte Sender. Für mich wäre es Folter, müsste ich diesem Brei aus fader Musik und infantilem Gerede länger zuhören. Viele finden die Bildzeitung gut. Mir gefällt nur die Nackte auf Seite eins. Ich lese sie nicht und Lokalzeitungen auch nicht. So halte ich mich von den Angstmachern fern. Ich gehe auch gerne raus. Ich halte es für einen Fehler, das Haus nur selten zu verlassen. Man muss sich die Wirklichkeit anschauen. Dann merkt man, dass die Welt trotz allem ein schöner Ort ist. Dann verschwindet die Angst, und man blickt mutig in die Zukunft. Dem angstfreien Menschen kann sie nichts anhaben.

Die Angst hat viele Gesichter. Eins ist die hohe Scheidungsrate, ein anderes die geringe Geburtenzahl. Bindungsangst nennt man das. Wir bekommen zu wenig Kinder. Wir werden weniger und älter. Ist das gut? Es ist ein Produkt unserer Angst. Dann diese süßliche Nettigkeit vieler Bürger. Überall wird gelächelt und gelacht. Man ist so auffallend freundlich zueinander und tut so trottelig harmlos, dass es nicht stimmen kann. Niemand ist wirklich dieses liebe Schäfchen, das er spielt. Warum zeigt man nicht das wahre Gesicht? Warum versteckt man sich hinter dieser Maske aus kuscheligen Gesichtszügen und kindlichem Vergnügen? Gibt es keine mürrischen Menschen mehr? Sind wir alle wirklich so zufrieden, wie wir tun? Wir sind es nicht, doch wir haben Angst, das zuzugeben. Lieber erscheinen wir brav und putzig und weich und zart. Vor allem in den Medien ist dieses Phänomen eine Geißel. Überall nur noch nette Leute, Männer, die melodisch mit lustigen Stimmchen sprechen. Überhaupt, die Männer in unserem Land. Es fehlen nur noch Lippenstift und Rock. Die Verweiblichung ist weit fortgeschritten. Mir ist das peinlich. Ich fürchte, man lacht uns dafür aus. Auch unsere Jugend ist enttäuscht vom Männerbild des Mainstreams. Bei den Machos aus der Hip-Hop-Szene finden sie die klaren Rollen, die sie im feministischen Alltag vermissen. Die Emanzipation ist eine gute Sache. Aber ihr Sinn kann nicht die Verniedlichung des Mannes sein.

Alkohol verursacht Angst und macht gefügig. Wann steht dieser Satz auf deutschen Bierflaschen? Wir saufen zu viel und sind deshalb so weinerlich. Es ist skandalös, wie unsere Jugend durch überhöhte Zigarettenpreise in den Alkoholismus getrieben wird. Für den Preis einer Schachtel Marlboro bekommt man bei uns vier Liter Bier. Was ist schädlicher? Die Jugend muss auffallen und rebellieren. Sie kann gar nicht anders. Weil sie sich Zigaretten nicht leisten kann, konsumiert sie mehr Alkohol. Zu meinen Zeiten hielten sich beide Drogen die Waage. Man ging nicht so ins Extrem. Die Zigarettenhysterie fördert das Komasaufen. Ist dem Staat dieser Zusammenhang wirklich nicht klar? In Deutschland gibt es nur 15 Prozent Abstinenzler. In Italien und Portugal sind es 50, in der Türkei 80 Prozent. Man wird bei uns komisch angeschaut, wenn man als Mann beim Wasser bleibt. Jeder nichttrinkende Muslim bereichert unser Land. Die Integrationsprobleme zwischen Türken und Deutschen wurzeln auch im Alkoholkonsum.

Wir haben Angst vor der Wirklichkeit. Deshalb fliehen wir in Ideale. Der Traumjob, die Traumfrau, die Traumhochzeit, der Traumurlaub, das Traumschiff. Schlafen wir? Es wird Zeit, aufzuwachen und sich die Träume aus den Augen zu reiben. Träumend werden wir den globalen Wettbewerb nicht für uns entscheiden. Mut und Realismus sind die Tugenden, die wir erlernen müssen. Die Bevölkerung muss wacher und bewusster werden. Ein Aufenthalt in einer Billigfirma ist ein wunderbarer Wecker. Da ist das Aufwachen praktisch garantiert. Niemand, der in so einer Firma war, hängt politischen Träumen nach. Ich weiß gar nicht, was am Traum so toll sein soll. Die Wirklichkeit ist doch viel schöner. Im Traum kann man nicht handeln. Dinge kommen und gehen, ohne dass wir sie beeinflussen können. Die Wirklichkeit dagegen ist machbar. Dort ist man Akteur und nicht bloß Zuschauer. Die romantische Vorstellung vom Vorteil des Träumens löst keine Probleme. Wir sollten weniger träumen und mehr denken. Wir sind das Volk der Dichter und Denker und nicht das der Trinker und Träumer.

Deutschland muss lebendiger werden und mit der Träumerei aufhören. Das muss man nicht lange fordern. Die nächsten Jahre werden uns sowieso aufwecken. Die Krise wird sich verschärfen, und das hat immerhin den Vorteil des Erwachens. Der Wache kann die Dinge ändern. Dem Träumer sind die Hände gebunden. Der mutige Realist ist der Akteur der Zukunft. Vielleicht sogar das revolutionäre Subjekt. Vor ihm fürchten sich die Mächtigen. Deswegen wollen sie ihn verhindern und einlullen. Doch das wird nicht mehr lange klappen. Die Wirklichkeit kommt näher. Viele fürchten sich vor ihr, doch diese Furcht ist unbegründet. Denn so schlecht ist sie gar nicht.

Wie wird man mutig, munter und realistisch? Soll ich ernsthaft empfehlen, den Bierpreis zu erhöhen? Lieber nicht. Vielleicht gilt wieder die Theorie vom guten Vorbild. Hätten wir mutigere Politiker, die auch nein sagen können, wenn das Volk ein Ja verlangt, wäre ein erster Schritt getan. Wenn man gegen Schund in den Medien gezielter vorgehen könnte, ein zweiter. Auf jeden Fall wäre es gut, wenn man die Leute auch mal machen ließe und sie nicht ständig mit dieser monströsen Bürokratie erdrückt. Gerade in Zeiten hoher Arbeitslosigkeit wäre es sinnvoll, wenn man einfach Bratwürste am Straßenrand verkaufen könnte, ohne vorher groß fragen zu müssen. Die Leute haben schon Ideen, aber sie sind mutlos, weil sie den Spießrutenlauf bei den Behörden fürchten. Anträge, Formulare, Genehmigungen, Zeugnisse, Beglaubigungen, Bürgen, Bilanzen, Business-Pläne, Gutachten. Dabei will man nur überleben. Jeder hat ein Recht, seine Familie zu versorgen. Die Menschen müssen viel mehr Freiheit bekommen. Es ist unmenschlich, die armen Leute nicht einfach arbeiten zu lassen.

In meiner Jugend bin ich ein paarmal mit dem Zug durch Europa gefahren. Irgendwann waren wir in Istanbul. Dort gab es überall Straßenhändler. Ich kaufte mir gerne Salzgurken und Essiggemüse. Es gab aber auch Schuhputzer, Fleischbrater und vieles mehr. Überall war Leben und fröhliches Geschnatter. Das hat mir gut gefallen. Und ich glaube, Deutschland sollte sich auch in diese Richtung entwickeln. Man befürchtet ein Aussterben der Innenstädte, nur weil die großen Kaufhäuser verschwinden. Warum lässt man dann nicht den Straßenhandel zu? Die Innenstädte würden aufblühen. Das Angebot würde explodieren. Die Menschen wären glücklicher als heute. Und die zahlreichen Hilfeempfänger, die jetzt traurig zu

Hause sitzen, könnten endlich wieder raus ins Leben und neuen Mut schöpfen. Ich weiß, dass ich mit dieser Forderung auf taube Ohren stoße, aber ich glaube, dass es zu so einer Verwandlung keine Alternative geben wird. Der Staat kann nicht mehrere Millionen Menschen fürs Nichtstun bezahlen. Das wird auf Dauer zu teuer. Er wird nicht mehr zahlen können. Und dann kann er auch nichts mehr vorschreiben. Dann wird die Freiheit endlich die kleinen Leute erreichen. Dann kommt der Bazar auch nach Deutschland. Die Menschen aus den Bazarländern werden sich bei uns wie zu Hause fühlen. Das Land wird lebendiger, die Leute werden sich kennenlernen, und keiner wird den ganzen Tag vor dem Fernseher verbringen. Dass bei uns das Wetter für so etwas zu schlecht ist, stimmt nicht. Denn so ein Straßenleben war auch bei uns lange Zeit völlig normal.

Es gab in Istanbul auch Slums. Kilometerlang sind wir daran vorbeigefahren. Billige Hütten, miese Häuser, arme Leute. Es gibt auch in Indien Slums und in Brasilien. In Russland, China und Mexiko. Wir konkurrieren mit diesen Ländern. Die Globalisierung bringt uns näher zusammen. Die armen Länder werden reicher, die reichen Länder werden ärmer. Es entsteht eine neue Balance. Die Lebensverhältnisse gleichen sich an. Das heißt, es wird auch bei uns Slums geben. Die werden ordentlicher ausschauen als anderswo, aber es werden doch Slums sein. Für mich ist das sicher. Die Armut wird auch Deutschland erreichen. Wie soll es anders sein? Können wir ewig eine Insel des Wohlstands bleiben, wenn der Rest der Welt verarmt? Unsere größte Angst ist, dass es bei uns so wird wie in den vielen Ländern, die wir bereisen. Wir sind Weltmeister des Tourismus. Wir wissen, was auf uns zukommt. Aber wir wissen nicht, wie wir es verhindern können. Das weiß ich auch nicht. Ich glaube, es spielt keine Rolle, ob wir davor Angst haben oder nicht. Es kommt sowieso. Also ist es besser, sich darauf einzustellen und die Angst in den Schrank zu sperren. Mutig, realistisch und wach sollten wir werden. Wer weiß, was kommt, kann vorsorgen. Wer glaubt, dass es immer so weitergeht und an den Worten der Berufsoptimisten hängt, wird das Nachsehen haben. Die Welt geht ja nicht unter. Sie wird nur anders. Das Beständigste ist der Wandel. Gegen den kann man sich nicht wehren. Nicht als Einzelner, nicht als Partei, nicht mal als Kontinent.

Niemand kann in die Zukunft schauen. Natürlich kann alles ganz anders kommen. Wunder geschehen, heißt ein schönes Lied. Da stimmen wir gerne mit ein, fassen uns an den Händen und schunkeln mit verträumtem Blick in den Sommerabend. So sind wir. Traumselig und vom Alkohol umwabert. So wird es schon nicht kommen. Alles bleibt gut. Ich nehme mir auch ein Bier und träume mit. Schön, wenn einem alle sagen, dass man ein Schwarzseher ist. Aber ich sehe gar nicht schwarz. Auch in Wellblechhütten kann man sich lieben. Politik, Geld und Arbeit werden bei uns überschätzt.

Wir sollten weniger Angst haben. Staaten erleben gute und schlechte Zeiten, Wirtschaftskrisen kommen und gehen. Das ist der normale Gang der Dinge. Damit müssen die Menschen zurechtkommen, ob sie wollen oder nicht. Es bringt nichts, ständig vor allem zu zittern. Darauf stehen weder die Frauen noch die Arbeitgeber, außerdem ist es uncool. In meiner Firma habe ich Menschen getroffen, die schon viele schlimme Dinge erlebt haben. In ihren Staaten geht es drunter und drüber. Dagegen ist Deutschland ein Wellnesshotel. Trotzdem konnten diese Menschen lachen. Trotzdem machten sie sich keinen Kopf über das, was alles passieren kann. Natürlich kann eine Menge passieren. Es gibt keine Garantie. Wir sind verletzlich und sterblich. Unsere Staaten sind es, das Klima auch. Daran kann man verzweifeln, oder man nimmt es locker. Mut ist besser als Angst und die Wirklichkeit besser als jeder Traum.

Zum Schluss die Wahrheit

Ich habe jetzt vier Monate nicht mehr gearbeitet und bin ziemlich entspannt. Mein neuer Job ist ungleich leichter. Ich passe morgens auf meinen kleinen Sohn auf. Nachmittags schreibe ich und mache Haushalt. Abends lese ich Zeitung. Ich kann schon um 9 Uhr im Bett liegen, wenn ich will. Da müssen die in der Firma noch eine Stunde hetzen. Jetzt ist es Viertel nach vier. Ich sitze am PC, neben mir dampft eine Tasse Kaffee. Und die in der Firma stehen am verdammten Fließband und schuften. Irgendwie ist das ungerecht. Aber wer hat gesagt, dass die Welt gerecht ist? Die Welt ist ungerecht. Und ich glaube auch nicht an eine ausgleichende Gerechtigkeit im Himmel oder sonst wo. Es gibt kein Rechenzentrum für gute und schlechte Taten. Diese Welt ist wie ein Dschungel, in dem der Starke sich durchsetzt und der Schwache dienen muss. Soll man das kritisieren? Ist es verkehrt, dass die Welt so ist? Muss die Welt gerecht sein? Muss es einen lieben Gott geben, der wohlwollend auf uns achtet? Sind wir im Streichelzoo der Humanität, muss alles kuschelig und warm sein? Tatsache ist, dass die Welt vor allem aus Armut und Brutalität besteht, dass es nur ein paar Inseln des Wohlstands gibt, dass ein Menschenleben in den meisten Ländern nicht viel zählt und dass überall wenige reiche Menschen über viele arme Menschen herrschen.

Das ist nicht schön, aber man kann es nicht per Knopfdruck ändern. Es gibt viele Leute, die glauben, man kann es doch. Gerade in den Medien wird oft so getan, als ob warme Worte und Betroffenheit die Welt verbessern würden. Ich glaube das nicht. Man kann diese Welt verbessern, aber dazu muss man sich anstrengen und wirklich etwas tun. Nicht nur betroffen sein und rumjammern. Ich habe dieses Getue satt. Deutschland ist die drittstärkste Wirtschaftsnation der Welt, wir verschmutzen die Umwelt stärker als die meisten anderen, aber unsere Leute hier tun so, als wären sie Blaue Engel. Deutschland ist der zweitgrößte Waffenexporteur der Welt und die größte Koksnation Europas, aber kaum blinkt eine Kamera, schalten alle auf supersympathisch und total harmlos um. Das finde ich widerlich. Wir sind die Nation, die den Holocaust zu verantworten hat. Niemand auf der Welt nimmt uns dieses putzige Bild aus Gutmütigkeit und Behäbigkeit ab. Alle wissen, die Deutschen sind nicht so. Wir sollten uns nichts vormachen. Wir sind nicht, wie wir uns geben. Wir sind nicht harmlos. Wir sind nicht gemütlich. Wir sind nicht lieb. In Venedig auf der Biennale sah ich Werke von John Bock, einem deutschen Künstler. Der hat mir gezeigt, wie wir sind: laut, unsensibel, brutal und angsteinflößend. Die Deutschen sind die Amerikaner Europas. Man fürchtet uns.

Wir wollen niemandem Angst einjagen, aber wir sind so. Und wir sollten dazu stehen. Das Orakel von Delphi fordert: Erkenne dich selbst! Das ist auch mein Anliegen. Ich will mich erkennen, und ich will den Menschen die Selbsterkenntnis erleichtern. Das verstehe ich unter Aufklärung. Man muss den Nebel, der uns umgibt, vertreiben. Wir brauchen Momente, in denen wir klar sehen, wer wir sind und wo wir sind. Nur wenn wir den Nebel durchdringen, können wir überhaupt erst sinnvoll handeln. Der Intellektuelle ist Brille, Fernglas und optische Hilfe. Er sollte nicht Weichzeichner und Kosmetiker sein. Unbestechlich und ehrlich zeigt er die Dinge, wie er sie sieht. Und wir vertrauen darauf, dass er sie richtig sieht.

Vertrauen spielt eine große Rolle. Leider vertrauen die Menschen gerne denen, die ihnen nach dem Mund reden und ihnen sagen, was sie hören wollen. Der Intellektuelle lullt nicht ein, er weckt auf, er erschreckt, er stößt vor den Kopf. Das gefällt nicht jedem. Intellektueller ist bei uns ein Schimpfwort.

Ich wundere mich. Dieses Buch hätte so vorhersehbar werden können. Die schrecklichen Bedingungen am unteren Rand unserer Arbeitswelt: grauenhafte Ausbeutung, Krankheit, Stumpfsinn, Gewalt. Das alles habe ich gefunden. Aber meine Antworten passen nicht ins Schema. Normal wäre der Aufschrei. Ich müsste »So geht es nicht weiter« brüllen, den Kapitalismus als gieriges Monster zeichnen und schließlich den Sozialismus fordern. Wie Günter Wallraff. Bei ihm ist alles sonnenklar. Hier die bösen Unternehmer, dort die guten Arbeiter. Bei mir ist das Bild verkehrt herum. Ich glorifiziere nicht die Arbeiter. Ich beleidige nicht die Unternehmer. Ich sage nicht, im Sozialismus wäre es besser. Ich schildere drastische Zustände und akzeptiere sie. Das ist unerhört. Denn es ist verboten, so etwas zu akzeptieren. Schlecht bezahlte Arbeit, schwitzende Menschen, Menschen mit Schmerzen, traurige und fluchende Menschen darf man nicht akzeptieren! Menschen müssen lächeln. Sie müssen glücklich und gesund sein, fröhlich, heiter und gut gelaunt. Das ist das Bild, das wir uns vom Menschen machen. Es ist das Medienbild. Wir tragen es in unseren Köpfen. Wir wissen genau: So müssen wir sein. Und gleichzeitig wissen wir: So sind wir nicht. Doch wir sollten nicht verzweifeln und uns unzureichend fühlen. Wir sollten dieses Medienbild vom Menschen in der Luft zerreißen und entsorgen, denn es ist falsch.

So vieles ist falsch. Unsere Köpfe sind zugepflastert

mit Falschheiten. Der Fortschritt hat nicht stattgefunden. Die Menschen taumeln, wie im Mittelalter, völlig planlos durch ihr Leben. Eigentlich ist es unnötig, den Leuten reinen Wein einzuschenken. Sie können ihn von unreinem Wein nicht mehr unterscheiden. Das Maß der Abstumpfung ist zu hoch. Man kann versuchen, gegen die Dummheit anzukämpfen, doch es ist ein aussichtsloser Kampf. Wenn sich einer trotzdem um Wahrheit bemüht, ist er anständig. Aber er ist damit auch ein Außenseiter, denn üblich ist es, nur auf den eigenen Vorteil zu schauen. Und wenn die Unwahrheit einen Vorteil bringt, hat kaum jemand Skrupel, sie zu verwenden. Die Skrupellosigkeit ist ein Machtfaktor. Wer seine Skrupel am besten ausschalten kann, hat gute Chancen aufzusteigen. Mit Ehrlichkeit kommt man bei uns nicht so weit. Zumindest glauben das die Leute. Doch das stimmt nicht. Lügen haben kurze Beine, heißt das Sprichwort. Der ehrliche Mensch kommt weiter. Das haben viele vergessen. Überhaupt haben wir vieles vergessen, weil unsere Köpfe Tag und Nacht mit dummem Gerede überschüttet werden.

Der Begriff Wahrheit ist umstritten. Einige Philosophen bestreiten, dass es Wahrheit gibt. Alles sei relativ. Vier Finger können fünf sein. Man kennt diese Verbiegungen aus den Büchern George Orwells. Sich heute hinzustellen und zu behaupten, dieses ist wahr und jenes ist falsch, hat etwas Nostalgisches an sich. Es wirkt naiv und heldenhaft. Mit der Wahrheit im Gepäck wirkt man wie ein verwirrter alter Mann. Die Wahrheit gibt es doch gar nicht. Das behaupten einige Leute. Sollen sie. Für mich gibt es immer noch richtig und falsch, schwarz und weiß, klug und dumm, stark und schwach, gut und schlecht. Mag sein, dass ich zu einer aussterbenden Spezies gehöre. Vielleicht ist das Menschengesicht aus Sand von den Wellen schon verwaschen. Verwaschen ist auf jeden Fall diese Art, alles gelten, jeden gewinnen, niemanden durchfallen zu lassen, nicht zu selektieren. Für mich gibt es Trennendes. Hoch lebe die Differenz! Einen dreifachen Toast auf den Unterschied zwischen Mann und Frau. Den wollen die Gleichmacher auch nicht mehr sehen, dabei ist er offensichtlich. Was macht man also? Man schafft die Wahrheit ab. Fünf Finger können auch vier sein. So weit sind wir heute. Ich warne davor, diese Entwicklung auf die leichte Schulter zu nehmen.

Wir leben im Zeitalter der Beliebigkeit. Es ist nicht mehr üblich, einen Standpunkt zu verteidigen. Es wirkt komisch, wenn jemand stocksteif auf seiner Meinung beharrt. Immer muss ein Kompromiss her. Ich habe ein bisschen recht, und du hast ein bisschen recht. Wir haben alle recht, irgendwie, ist ja auch egal. Die Gleichgültigkeit regiert auch außerhalb der Firma. Gleichgültig kommt von gleich machen. Den Gleichmachern ist alles gleichgültig. Alle sollen mitspielen, auch die Schlechten, auch die Unfähigen, auch wer die Regeln des Spieles nicht kennt, auch wer das Spiel sabotieren will, der Gewalttäter ... alle, alle sollen mitmachen. Wir sind alle gleich gut. Niemand ist besser als die anderen, keiner erhebt sich. Du bist gleich, und ich bin gleich. Willkommen im Sozialismus.

Es ist erstaunlich, dass ich in meinem Buch so auf dem Sozialismus rumhacke. Von einem deutschen Soziologen erwartet man das Gegenteil. Ich will die Sache auch nicht weiter vertiefen, man kommt vom Hundertsten ins Tausendste. Ich glaube, jedem ist inzwischen klar, was ich meine. Diese superpädagogische Art, auch die ganz Schlechten mit Lob zu überhäufen, halte ich für verkehrt. Ich finde, man muss auch verlieren können. Es ist nicht schändlich zu verlieren. Schändlich ist, so zu tun, als sei der Verlierer ein Gewinner. Das ist er nicht, und er weiß es. Man beleidigt ihn, wenn man ihn belügt. Ich bin für Offenheit. Ich will, dass man die Dinge beim Namen nennt. Lügen sind mir zuwider. Der Weg soll geradeaus gehen. Es wäre viel gewonnen, wenn die Menschen ehrlich ihre Meinung sagten. Die Aufrichtigkeit ist eine Tugend, die wir wieder lernen müssen. Lügen macht hässlich. Und zur Ehrlichkeit gehört, dass man auch Dinge ausspricht, die wehtun. Doch sie tun nicht weh, weil man sie ausspricht, sondern weil es Wunden sind, die bei jeder Berührung schmerzen. Trotzdem muss man sie anfassen, um sie zu verbinden. Nicht alle Wunden heilen von allein.

Ein Soziologe stellt Theorien auf. Das erwarten wir von ihm. Dahrendorf brachte die Konflikttheorie, Luhmann die Systemtheorie. Ich bin kein Professor und habe keinen Lehrstuhl. Trotzdem möchte ich im Schnelldurchlauf auch eine Theorie einführen: die Theorie der Ehrlichkeit. Das ganze Buch steht und fällt mit der Wahrheit des Gesagten. Ich schreibe hier genau das, was ich gesehen habe, und genau das, was ich denke und für richtig halte. Ich bemühe mich darum, ehrlich zu sein. Eine Theorie ist eine Betrachtungsweise. Wörtlich übersetzt heißt Theorie Gottesschau. Die Frage ist auch: Wie schaue ich auf die Dinge? Direkt oder indirekt? Mein Weg ist der direkte. Ich glaube, wir haben keine Zeit für große Umwege. Wenn ich die Bücher mancher Professoren lese, frage ich mich, ob man nicht schneller auf den Punkt kommen könnte. Unwesentliches sollte man weglassen. Und man sollte sich auch verständlich ausdrücken. Kant sagte, das Schlimmste sei, nicht verstanden zu werden. Die Theorie der Ehrlichkeit sagt, was Sache ist, und zwar so, dass es auch jeder verstehen kann. Ich möchte sie im Folgenden an einigen Beispielen ausprobieren.

Wir sind ein höfliches Volk geworden. In den Social-Media-Plattformen des Internets sieht man unsere Jugend. Dort sind nur freundliche Gesichter zu sehen. Als ich jung war, zeigte man auf Fotos den Mittelfinger und schaute möglichst grimmig. Heute ist man geschleckt und glatt. Alle wirken nett, dynamisch, lieb, harmlos, hübsch, frisch und gesund. Ich finde das armselig. Diese Jugend scheint kein Selbstbewusstsein zu haben. Sie wittert überall die Kamera und verhält sich dementsprechend. Bei uns gab es keine Kameras. Man konnte sicher sein, nicht gefilmt zu werden. Auf Konzerten hielt man bei schmalzigen Liedern Feuerzeuge in die Luft, keine Fotohandys. Wir hatten es besser. Wir waren freier. Es gab nicht so viele Zwänge. Die Jugend heute wirkt gestresst. Doch warum lässt sie sich so fertigmachen? Sie hat nichts zu verlieren. Sie ist jung. Mehr braucht man nicht. Der Jugend gehört die Welt. Das war immer so. Auch der heutigen Jugend gehört diese Welt. Doch ich glaube, sie weiß es gar nicht. Ihr seid die Chefs! Wir sind alte Knacker mit Frau und Kind und Gehwagen. Ihr könnt machen, was ihr wollt, aber nur so lange, bis ihr selber alt seid.

Intelligent und unter 30 ist eine unschlagbare Mischung. Das gefällt den Alten nicht. Ich höre oft am Morgen Deutschlandfunk, den Sender für die Älteren. Man sprach davon, dass 50-Jährige für die Werbung nicht mehr interessant sind. Ein bekannter Journalist war darüber richtig beleidigt, und der Moderator sagte, dass man mit 50 ja noch sein halbes Leben vor sich habe. Hier verfängt die Theorie der Ehrlichkeit: Man hat mit 50 nicht mehr sein halbes Leben vor sich, weil nur die wenigsten Menschen 100 Jahre alt werden. Und ab 55 sinkt die Beschäftigungsrate rapide. Es ist also klar, dass die Werbung sich auf jüngere Leute konzentriert. Der Realist hat kein Problem damit. Der Idealist möchte im Alter von 60 Jahren noch die Lebensmitte sehen. Bitte sehr, aber glücklich wird man mit solchen Lügen bestimmt nicht.

Wie eine Gesellschaft mit dem Tod umgeht, sagt viel über sie aus. Bei uns wird der Tod ausgeblendet. Er ist nicht mehr der Gevatter Tod früherer Zeiten, der Tod ist heute ganz unpersönlich. Er kommt als Krankheit, die man bei guter Führung hätte vermeiden können. Man ist heute schuldig, wenn man stirbt. Der eine war übergewichtig, der andere hat zu viel getrunken, der Krebskandidat hat geraucht, und alle drei wären nicht gestorben, wenn sie gesünder gelebt hätten. Michael Jackson starb mit 50 Jahren. Man spricht von einem frühen Tod. Auch das ist Irrglaube. 20 ist jung. 50 ist nicht mehr jung. Frauen aus besserer Gesellschaft geben Unsummen für Verjüngungsmaßnahmen aus. Trotzdem sieht jede 20-Jährige, ungeschminkt und schlecht bekleidet, besser aus als die 60-Jährige im Botoxmantel. Man hat in früheren Zeiten klarer gesehen. Die Jugend ist eine schöne Zeit. Mit 30 ist sie vorbei. So ist das. Der Realist sieht die Welt unkompliziert. Das Leben ist einfach. Man kann es sich auch schwermachen, aber wenn man die Dinge sieht, wie sie sind, erspart man sich viel Kopfschmerz.

Auf jeden Fall hilft Humor. Bei uns wird zwar dauernd gelacht und gefeixt, und auf allen Sendern blödeln Witzbolde, trotzdem finde ich, dass wir ziemlich humorlos sind. Wenn ein bekannter Journalist in einem Buch davon faselt, dass der Mensch bald 800 Jahre alt werden kann, muss der Humor einsetzen. Männer lassen sich enthaaren. Sie veröden sich ihren Bartwuchs, weil sie zu faul zum Rasieren sind. Das ist lustig. Die deutsche Regierung verkündet eine Schuldenbremse. Die Internet-Plattform web.de bietet nach einem Terroranschlag ein Al-Qaida-

Quiz an. Das ist komisch. Zum Humor gehört die Gemeinschaft. Wenn alle alleine vor dem PC sitzen, gibt es keine Gemeinschaft mehr, dann gibt es keinen Humor mehr. Eine Welt ohne Humor vertrocknet. Eine humorlose Gesellschaft lässt aus dummen Idioten ernsthafte Führerpersönlichkeiten werden. Wenn der Humor verschwindet, wird Hitler wieder möglich.

Humor braucht Normalität. Nur wenn in einer Gesellschaft klar ist, was normal ist, kann über die Abweichung gelacht werden. Bei uns ist das heute nicht mehr klar. Der Begriff der Normalität ist oft nicht mehr anwendbar. Die Lebensstile pluralisieren sich, zahlreiche Kulturen leben nebeneinander her, für jede Art von Perversion gibt es ein Forum im Internet. Normal ist, dass nichts mehr normal ist. Worüber soll man dann lachen? Es fehlt der gemeinsame Grund. Otto Normalverbraucher ist gestorben und hatte keine Kinder. Jede Gruppe lacht über andere Dinge. Die Gesellschaft zersplittert. Das merkt man am Fernsehen. In den 70ern gab es drei Programme. Da kam es vor, dass 80 Prozent der Bundesbürger am Abend dieselbe Sendung sahen. Man kann das Gleichschaltung nennen, immerhin hatten wir am nächsten Tag in der Schule Gesprächsstoff. Das schuf Normalität und Identität. Heute sehen von 30 Schülern fünf dasselbe Programm. Wir sind sehr individualisiert. Manche finden das gut. Ich sehe darin einen Grund für den Zerfall der Gesellschaft, für Orientierungslosigkeit, Vereinsamung, psychische Störungen und Aggression. Wenn sich jeder seine eigene Medienbiographie zusammenbastelt, verschwindet die Gemeinschaft und mit ihr der Boden für den Humor.

Ich spreche von Tendenzen. Wirklich gravierende Fehlentwicklungen kann ich nicht entdecken. Es reichen kleine Reformen, wir brauchen keine Revolution. Wir sind auch zu alt zum Revoltieren. Mit 43 Jahren kommt man kaum mehr auf die Barrikaden. Und jedes Jahr werden wir im Durchschnitt älter. Bald können die Regierenden mit uns machen, was sie wollen. Manche sagen deshalb: Leute, macht Kinder! Aber Worte allein reichen nicht. Die Kraft der Worte ist begrenzt. Kritik an der Gesellschaft äußert sich heute immer weniger in Worten, eher in Wahlenthaltung, Auswandern, Steuerbetrug und Gebärstreik. In Arbeitsscheu, Vandalismus, Drogensucht, Gewalt und Kriminalität. Wer heute gegen die Gesellschaft revoltiert, schreibt nur selten Bücher oder Zeitungsartikel. Die Schriftsteller und Journalisten gehören zu den affirmativen Geistern. Jemand sagte mal: Revolution won't be televised. Ich glaube, sie kommt auch nicht mit einem Buch. Wer revoltieren will, braucht keine Bücher. Und Bücher brauchen niemanden, der revoltiert. Zwischen den beiden gibt es keine Beziehung. Sähe ich einen Grund zur Revolte, würde ich nicht hier sitzen und tippen. Ich sehe keinen. Und ich glaube, niemand, der gemütlich sitzt und tippt, sieht einen. Es ist daher falsch, von den Schreibenden irgendetwas Revolutionäres zu erwarten. Schreiber werden immer beruhigen, harmonisieren, glätten, verstehen.

Früher war das anders. Da hatte Sprache noch eine identitätsstiftende Funktion, da waren Worte noch als Waffen zu gebrauchen, was jemand sagte, war bedeutend, man konnte für Worte in den Kerker geworfen werden. Bei uns darf heute jeder alles sagen. Und dieses Recht wird auch wahrgenommen. Überall wird gefaselt. Peter Sloterdijk teilt sich den Sendeplatz mit Cindy von Mahrzahn. Angela Merkel spricht. Und der LKW-Fahrer, der seine Tochter schwängert, spricht auch. Jeder spricht, jeder quatscht. Im Internet schreibt auch jeder. Dadurch haben die Worte ihre Macht verloren. Es gibt keine gemeinsame Sprache mehr, von der aus gehandelt werden könnte. Mit der Sprache ist es wie mit dem Humor: Wenn der gemeinsame Boden fehlt, ist sie nicht mehr funktionsfähig. Die Sprache verrottet. 70 Prozent der deutschen Zeitungsartikel stammen von PR-Agenturen. Überall heben die Werbetexter ihr verwirrendes Haupt. Die Sprache ist kaputt. Man hat sie uns genommen.

Kein Humor, keine Sprache, keine Gemeinschaft – das hört sich nicht gut an. Sehe ich schwarz? Ich rauche seit zwei Wochen nicht mehr, vielleicht sieht man dann schwarz. Aber was soll ich machen? 17 Stück meiner Marke kosten jetzt 4 Euro 10. Das sind 8 Mark 20. Viel zu teuer. Außerdem kommen bald Bilder von Raucherlungen auf die Schachteln. Wie soll ich das meinen Kindern vermitteln? Ich habe also aufgehört. Kann sein, dass ich nikotinfrei auch klarer sehe. Vielleicht ist die Welt doch schlechter, als ich sie bisher geschildert habe. Bestimmt hat sie sich verändert. Es passiert viel zurzeit. Man muss sich oft ärgern. Als ich noch 60 Stunden in der Woche gearbeitet habe, war ich nicht so informiert wie heute. Kein Wunder, dass ich mich da glücklicher fühlte. Jetzt lese ich viel Zeitung und weiß Bescheid. Als ich vor ein paar Jahren Telefonverkäufer werden wollte, musste ich mir eine CD anhören. Da gab ein Profiverkäufer gute Tipps. Ein Tipp war: Lesen Sie keine Zeitung, das verdirbt die Laune. Er hatte recht. Wer zu viel weiß und zu viel denkt, wer dauernd grübelt und zweifelt, hat keinen Erfolg. Hätte ich diese Arbeit nicht gemacht, dürfte ich dieses Buch gar nicht schreiben.

Jetzt schreibe ich das Buch, aber ich bin nicht glücklicher. Es ist mir wichtig, darauf hinzuweisen, dass ich als einfacher Arbeiter glücklicher war als jetzt. Das glaubt mir keiner, und doch stimmt es. Ein Grund für mein jetziges Unglück ist die Möglichkeit, viel zu denken und viel zu lesen. Ich bekomme die Geschehnisse des Tages viel direkter mit als in der Firma. Viele Leute sehen darin einen Vorteil, doch für das psychische Befinden ist es keiner. Denn was man mitkriegt, ist oft widerwärtig. Heute wurde Porsche-Chef Wendelin Wiedeking entlassen. Er bekommt eine Abfindung von 50 Millionen Euro. Für diesen Betrag hätte ich in meiner Firma 3127 Jahre arbeiten müssen. Das ist ungerecht. Ich ziehe über den Sozialismus her, aber wenn ich so etwas höre, verstehe ich jeden Sozialisten. Das hat nichts mehr mit sozialer Marktwirtschaft zu tun. Die Bevölkerung kann sich an so eine Spaltung nicht gewöhnen. Solche Abstände zwischen den Klassen untergraben die Wirtschaftsordnung und letztlich auch die Demokratie. Wenn wir solche Unterschiede zulassen, sind wir Manchester-Kapitalisten. Da wird ein neuer Karl Marx nicht lange auf sich warten lassen.

Ich möchte nicht zu viel an einer Welt kritisieren, die mich Erfolg haben lässt. Ich kann reisen, wohin ich will, ich kann sagen und schreiben, was ich will, ich kann jede Religion ausüben, die mir gefällt. Ich bin auf jeden Fall versorgt und werde nicht verhungern. Was gibt es da zu kritisieren? Kein Mensch ist perfekt, und kein System ist perfekt. Es gibt immer jemanden, dem etwas nicht passt, der einen besseren Vorschlag hat. Das ist normal. Die ganz großen Kritikpunkte sehe ich nicht. Man kann immer mehr verlangen, aber man muss auch sehen, was man hat. Es ist üblich, dauernd zu jammern. Das ist etwas für Leute, die selber nichts anpacken. Ich hoffe, es ist klar geworden, was ich kritisiere. Ich kritisiere nicht das System, sondern schlechte Charaktereigenschaften wie Faulheit, Kleinmut und Verzagtheit. Das System ist in Ordnung. Aber die Menschen sind es nicht immer. Wir sollten nicht alle Schuld dem System geben, sondern schauen, was wir selber falsch machen. Vieles, was wir aufs System und andere schieben, ist in Wahrheit unsere eigene Schuld. Wir müssen uns selber kritisch betrachten. Oft sind wir nicht die Engel und Leistungshelden, für die wir uns halten. Man kann immer versuchen, besser zu werden.

Zum Abschluss möchte ich mir einen Ausflug in die Utopie gönnen. Eine Freundin, die sauer darüber war, dass ich meine Kollegen als dumm bezeichnete, meinte, eine Utopie am Schluss könne nicht schaden. Ich sagte ihr, ich sei ein Antiutopist, ich schlüge nur das vor, was auch möglich ist. Aber heute denke ich anders. Che Guevara meinte: Nur wer das Unmögliche versucht, kann das Mögliche erreichen. Eine Utopie ist unmöglich, sie ist der Nichtort. Aber sie ist wie ein Leuchtturm, den wir ansteuern können. Was heute und morgen noch nicht möglich ist, kann es übermorgen sein. Was wäre eine Utopie? Wovon träume ich?

Die Arbeit in der Firma geht mörderisch auf die Gesundheit. Ich hantierte mit Lauge. Wenn da was ins Auge kommt, ist man blind. Ich machte oft so schnelle Bewegungen, dass mir das Herz wehtat. Utopisch wäre, dass auch schlecht bezahlte Arbeit in den untersten Etagen nicht die Gesundheit angreifen darf. Dass die Arbeit nicht so schädigt, dass man nicht sein Leben aufs Spiel setzen muss, nur damit man seine Rechnungen bezahlen kann. Ich wünsche mir, dass auch die einfachsten Arbeiter gesundheitlich gut versorgt werden, dass sie nicht früher sterben als die Führungskräfte. Ich wünsche mir, dass auch ein Billigarbeiter als wertvoller Mensch zählt, auf dessen Leben es genauso ankommt wie auf das eines reichen Managers. Ich wünsche mir, dass keine Arbeit krank macht.

Man sieht, wo so eine Utopie hinführt. Das ist wie beim Gebet in der Kirche oder bei einer Selbsthilfegruppe. Man äußert seine Träume und zeigt das kleine Kind in sich. Natürlich wünsche ich mir das Gesagte, aber ich glaube nicht wirklich an eine Umsetzung. Träume sind Schäume. Ein Arbeiter, der hart anpacken muss für 8 Euro 10 pro Stunde, stirbt früher als der Topmanager, jedenfalls statistisch. Das ist eine Regel, die von Ausnahmen bestätigt wird. Eine Ausnahme war der kürzlich verstorbene Brite Henry Allingham. Mit 113 Jahren war er der älteste Mann Europas. Sein Rezept für hohes Alter: Whiskey, Zigaretten und wilde Frauen. Er arbeitete nach dem Krieg in der Autoindustrie. Er war ein normaler Fließbandmalocher und wurde trotzdem so alt. Man muss den einzelnen Menschen anschauen. Statistiken stehen immer über dem richtigen Leben. Aber das richtige Leben schreibt die besseren Geschichten.

Luke Pittard aus Wales hat im Lotto 2 Millionen Euro gewonnen. Nach einer Hochzeitsreise und einem Hauskauf kehrt der 25-Jährige wieder zurück an seinen alten Arbeitsplatz in einer McDonalds-Filiale. Der Mann ist reich, er gehört zur Oberschicht und geht trotzdem zurück in seinen Billigjob. Er hat die Kollegen vermisst und ist der Meinung, Geld sei nicht alles. Auch ein Billigjob kann Spaß machen.

Ich habe die Arbeit in der Fabrik gern gemacht. Mit den vielen Ausländern hat es mir gut gefallen. Auch dass dort nicht alles so piekfein war, störte mich nicht. Ich würde jederzeit wieder hingehen. Tatsächlich läuft meine Elternzeit noch sechs Monate. Dann muss ich wieder ran. Vom Bücherschreiben kann ich nicht leben. Ich will in die

Gastronomie, als Barkeeper oder Zapfer. Ich brauche einen Job ab 16 Uhr am Nachmittag bis abends um 22 Uhr. Natürlich denke ich im Moment, dass ich diesmal etwas Besseres machen könnte, aber es wird wohl wieder normale Maloche. Im Radio war von einer Schriftstellerin die Rede, die es für verhängnisvoll hält, nur vom Schreiben zu leben. Sie versucht immer, einen Fuß in der Realität zu behalten. Die Glückliche. Bei mir ist es umgekehrt. Ich versuche immer einen Fuß in der Kunst zu halten.

Gibt es ein Fazit, ein letztes Wort, das unbedingt rausmuss? Ich könnte mich bei den Leuten dieser Firma bedanken. Dafür, dass sie so schön stillgehalten haben, als ich über sie schrieb. Sie wissen gar nichts von ihrem Glück. Der Chef hat auch keine Ahnung. Ich hoffe sehr, dass ich niemanden verletzt habe. Falls doch, war es keine Absicht. Ich finde, die Realität gehört ins Buch. Und zwar so wahrheitsgetreu wie möglich. Zu viel Dichtung und Erfinderei schaden einem Text. Ich will auf keinen Fall, dass irgendein smarter Typ die Firma ausfindig macht, sie mit dem Gesagten konfrontiert und auf eine Betriebsschließung drängt. Das wäre schlecht. Wenn das passiert, war das Buch ein Fehler. Es geht mir nicht um diese eine Firma, sondern um einen Blick ins Allgemeine. Diese Firma ist wie viele Firmen. Strukturell ist es überall gleich.

Um nochmal utopisch zu werden, schlage ich vor, dass man die Geschwindigkeit drosselt. Überall geht es so schnell und hektisch zur Sache, dass ruhigere Geister nicht mehr mitkommen. Ich wünsche mir, dass irgendeiner mit aller Gewalt auf die Bremse drückt. Ich weiß nicht, wo das verdammte Bremspedal ist und ob es überhaupt eins gibt. Aber wenn es eins gibt und wenn einer weiß, wo es ist, dann bitte: draufdrücken. Schnelligkeit ist eine gute Sache, aber man darf es mit ihr nicht übertreiben.

Zum Schluss ein paar fromme Wünsche. So gehört sich das. Ich wünsche den Deutschen, dass sie den Kopf nicht hängen lassen. Die Zeiten sind nicht einfach, aber das sind sie nie. Seid nicht so traurig, freut euch, dass ihr überhaupt da seid! Ich wünsche meinen Landsleuten mehr Mut zum Risiko und dass sie nicht immer nur auf Nummer sicher gehen. Jedes Leben braucht ein bisschen Pfeffer. Die Langeweile ist ein schlechter Begleiter. Ich finde es schön, wenn sich etwas bewegt. Dass sich die Dinge laufend ändern, stört mich nicht. Man muss elastisch sein und mitgrooven. Ein bisschen mehr Lockerheit würde den Deutschen auch nicht schaden. Lasst die Verzagtheit und die Jammerei, schaltet den Fernseher öfter aus, geht raus in die Kneipen und sauft trotzdem weniger Bier, regt euch nicht immer so fürchterlich auf und tragt keine Sandalen mit weißen Socken. Das Leben ist kein Wunschkonzert, aber trotzdem schön.